Katrin Meier

Circus Bambini

W0310901

Katrin Meier

Circus Bambini

Mit Zirkusprojekten ganzheitlich fördern

HERDER

FREIBURG · BASEL · WIEN

Danksagung

Auf diesem Wege möchte ich meiner Familie, meinen Freunden, Arbeitskollegen und besonders Andi danken. Sie standen mir bei der Realisierung dieses Buches durch vielseitige Anregungen, Tipps und Ideen tatkräftig zur Seite.
Ebenso möchte ich mich bei Beatrice Knobelspies vom Verlag Herder für die gute Zusammenarbeit bedanken. Ein Dank geht auch an die Illustratorin Christine Brand. Durch ihre schönen Zeichnungen wirkt mein Buch noch lebendiger.
Mein besonderer Dank geht natürlich an die Kinder! Durch Ihre freudige Teilnahme am Zirkusprojekt konnten diese tollen Bilder erst entstehen. Mein Dank gilt ebenso den Eltern, die mir die Erlaubnis gaben, die schönen Fotos in diesem Buch zu veröffentlichen. Auf den Fotos sieht man, wie viel Spaß und Freude die Kinder während Zirkusprojekten haben können.

www.herder.de

Umschlaggestaltung: RSRDesign Reckels & Schneider-Reckels, Wiesbaden
Illustrationen Umschlag und Innenteil: Christine Brand
Fotos Umschlag und Innenteil: Katrin Meier
Layout, Satz und Gestaltung: RSRDesign Reckels & Schneider-Reckels, Wiesbaden
Druck und Bindung: fgb · freiburger grafische betriebe
www.fgb.de

Gedruckt auf umweltfreundlichem, chlorfrei gebleichtem Papier
Printed in Germany

ISBN 978-3-451-32263-1

Inhalt

1. Wie ich zum Zirkus kam – und warum ich dieses Buch geschrieben habe

Spannung liegt in der Luft – mit großen Augen und angehaltenem Atem verfolgen die kleinen und großen Zuschauer, wie der Hochseilartist in schwindelnder Höhe langsam Fuß um Fuß vorschiebt …

Die Faszination, die vom Zirkus ausgeht, begeistert insbesondere Kinder seit jeher. Schon wenn sie das Zirkuszelt betreten, tauchen sie ein in eine andere Welt, in der sie Spannung und Attraktionen erwarten.

Die Musik setzt ein und schon sind sie mitten drin im Geschehen. Wer erinnert sich nicht, wie man als Kind staunte, wenn Jongleure und Artisten in der Manege standen und ihre unglaublichen Kunststücke präsentierten? Sicher ging dem einen oder anderen von uns dieser Gedanke durch den Kopf: Einmal selbst in der Manege stehen!

In der Welt des Zirkus kann man in verschiedene Rollen schlüpfen, Neues und Ungewöhnliches ausprobieren, eigenes und gemeinsames Können entfalten und dieses einem begeisterten Publikum präsentieren. Das Nichtalltägliche einer Zirkusvorstellung weckt nicht nur in Kindern die Lust, selbst ein solch buntes Geschehen auf die Beine zu stellen.

Ich kann dieses Gefühl der Kinder sehr gut verstehen, denn bei mir hat es genauso begonnen. Als begeisterte Zirkusbesucherin habe ich als Kind selbst mit der Akrobatik und dem Jonglieren begonnen. In meiner Kindheit fand ich mit vielen anderen Kindern aus der Nachbarschaft noch Plätze, an welchen wir uns frei bewegen, mit den Zirkuskünsten experimentieren und eigene Ideen umsetzen konnten. Solche Orte und Freiräume suchen Kinder heute gerade in Großstädten oft vergebens. Die Faszination und das Ungewöhnliche finden sie dann meist in virtuellen Spiel- und Unterhaltungsmöglichkeiten.

Zu wenig Bewegung führt jedoch dazu, dass die Muskeln sowie ein kreativer Geist erschlaffen und die Kinder träge und unbeweglich werden. Dazu kommt, dass durch zu wenig Bewegung die eigenen Bewegungsabläufe unsicherer werden und so das Unfallrisiko steigt. Das aber, was man nicht kann, macht keinen Spaß. Und was keinen Spaß macht, das möchte man nicht gerne tun. Kinder sehen das oft ebenso. Dinge, die sie noch nicht können, versuchen sie zu umgehen.

Mit dem Thema Zirkus bieten sich jedoch vielseitige Möglichkeiten, Kinder neu zu motivieren und so immer wieder spielerisch herauszufordern. Die Freude an der Bewegung und dem kreativen Tun kann wieder neu entdeckt werden. Und hier setzt die Zirkuspädagogik an.

Als ich mit der zirkuspädagogischen Arbeit im Kindergarten anfing, fiel mir auf, dass die Literatur in diesem Bereich eher für ältere Kinder ausgerichtet ist. Da die gesunde Entwicklung aller Förderbereiche allerdings in den ersten Lebensjahren grundgelegt wird, wäre die Verwirklichung der Zirkuspädagogik gerade im Kindergarten wünschenswert. Deshalb habe ich den Entschluss gefasst, dieses Buch zu schreiben. Ich möchte es auch jüngeren Kindern ermöglichen, Zirkus zu (er-)leben sowie hierdurch ganzheitlich angesprochen und gefördert zu werden.

Da ich schon seit 1989 in verschiedenen Kinderzirkussen und Kinderzirkusprojekten mitarbeite, konnte ich schon vielseitige praktische Erfahrungen sammeln, die ich hier vereinfacht für jüngere Kinder festgehalten habe. Dieses Buch ist für alle Pädagogen oder Interessierten gedacht, die das Thema Zirkus mit Kindern ab 2 Jahren umsetzen möchten.
Durch Theorie und anschauliche Praxisbeispiele findet der Praktiker hier genaue Anleitungen, Hilfen und Tipps für kleinere und größere pädagogische Aktivitäten rund um den Zirkus.

2. Zirkuspädagogik – was ist das eigentlich?

Die faszinierende Welt des Zirkus zieht Kinder nicht nur als Zuschauer in ihren Bann – viele wollen das Gesehene nach einem Zirkusbesuch auch selbst ausprobieren. Der Zirkus weckt somit die bedeutsame intrinsische Motivation in den Kindern zum eigenen Bewegen, Experimentieren und Lernen.

So entwickelte sich vor ca. 40 Jahren in Europa der Kinderzirkus als Wurzel der Zirkuspädagogik. Mit ihrem spielerischen und kindgerechten Methodenrepertoire stellt sie eine hervorragende Möglichkeit dar, Kindern die Freude an der eigenen Bewegung, Kreativität und Lernbereitschaft zu vermitteln und sie ganzheitlich zu fördern.

Sie reicht von kleinen Mitmachaktionen in Schulen oder Kindergärten bis hin zu professionellen Zirkusunternehmen, die mit Zelt und Tieren Städte besuchen und mit Kindern eine Zirkusvorstellung einüben (zum Beispiel „Circus Gerd Sperlich"). Durch diese Vielfältigkeit spricht der Zirkus auch Kinder mit ganz unterschiedlichen Interessen und Talenten an. Zirkus ist eine Kombination aus Spaß und Lernen und gewinnt in der pädagogischen Arbeit immer mehr an Bedeutung. Mittlerweile gibt es in Deutschland bereits über 200 Kinderzirkus-Projekte mit unterschiedlichen Schwerpunkten.

Die Begeisterung für die Zirkuskünste bzw. für die zirzensischen Künste hat mit dem menschlichen Grundbedürfnis zu tun, Neues zu erfahren, seine eigenen Grenzen zu erleben und diese vielleicht überwinden zu können. Jede Zirkuskunst, sei es Akrobatik, Jonglage oder Clownerie, spricht einen anderen Entwicklungsbereich des Kindes an.

Dabei ist es nicht wichtig, ob die Zielgruppe sportlich oder eher unbeweglich ist, weil die Zirkuskünste Freude an der Bewegung ohne Leistungsdruck bedeuten und dadurch zum Mitmachen animieren. Die einzelnen Kinder sollten aber jeweils dort abgeholt werden, wo sie in ihrer Entwicklung stehen und viel Zeit für freies Experimentieren mit dem neuen Material erhalten.

Im Kindesalter ist das Lernen am stärksten durch Bewegung und Wahrnehmung geprägt. Das Wecken der Bewegungsfreude ist somit eine wichtige Voraussetzung für die Persönlichkeitsentwicklung des Kindes.

Sage es mir, und ich werde es vergessen.
Zeige es mir, und ich werde es vielleicht behalten.
Lass es mich tun, und ich werde es können.
Johann Wolfgang Goethe

Die Zirkuspädagogik ist ein ganzheitlicher Ansatz, der durch die vielseitige Kombination von Musik, Sport, Theater und Kunst das Kind als Ganzes anspricht und herausfordert. Denn die motorischen, kognitiven, emotionalen, sozialen sowie musisch-ästhetischen Fähigkeiten des Kindes werden spielerisch gefördert und erweitert, was der ganzheitlichen und gesunden Entwicklung dient. Die Zirkuskünste unterstützen unter anderem die Ausdauer, das Körpergefühl, das Sozialverhalten, die Kreativität und die Konzentration. Durch die Jonglage wird z. B. die Zusammenarbeit der rechten und linken Hirnhälfte trainiert, wodurch diese Zirkuskunst bei Legasthenie helfen kann. Die genauen Ziele der einzelnen Zirkuskünste sind in Kapitel 4 zu finden.

Die wichtigsten Grundlagen für ein gelingendes Zirkusprojekt sind aber immer – Spaß und Freude! Während eines Zirkusprojekts, vor allem bei einer Vorstellung vor Eltern und Freunden, wachsen Kinder durch ihre Begeisterung an der Sache über sich hinaus. Sie stehen im Rampenlicht, werden von den Zuschauern bewundert und ernten Beifall. Sie entdecken vielleicht neue Fähigkeiten und Talente an sich und entwickeln dadurch mehr Selbstbewusstsein. Viele Kinder trauen sich jedoch weniger zu, als sie bewältigen könnten. Sie sagen oft vorschnell „Ich kann das nicht" und fordern Hilfe ein.

Wenn die Proben beginnen, haben die Kinder schnell die ersten Erfolgserlebnisse. Es ist wichtig, dass die Kinder besonders zu Beginn des Zirkusprojekts nicht überfordert werden und zu keiner Zeit Druck verbreitet wird. Ich sage ihnen in meinen Zirkusangeboten, dass sie alles ausprobieren können aber sie können auch erst einmal nur zusehen. Die Kinder machen die Erfahrung, dass sie zusammen beeindruckende Pyramiden bauen, mutig über Glasscherben gehen, Teller drehen, Jonglieren oder eine lustige Clownnummer vorführen können. Sie trainieren ihre Körperwahrnehmung und werden auf ihre eigenen Stärken und Schwächen aufmerksam, lernen ihren Körper anders kennen, trainieren ihr Gleichgewicht und ihre Körperspannung.

Ein großer Vorteil ist auch, dass weniger integrierte Kinder in das Geschehen miteinbezogen werden können. Die Kinder lernen durch das Einüben von Zirkusnummern zusammenzuarbeiten und einander zu helfen. Hierdurch wird ihr soziales Verhalten gefördert und gestärkt. Manchmal entwickeln sich sogar neue Freundschaften.

Zirkuspädagogik fordert dazu heraus, die eigenen Grenzen zu erweitern. Durch die regelmäßigen Proben sind viele Kinder selbst überrascht, wie schnell sie etwas lernen. Durch das regelmäßige, gemeinsame Üben wachsen die Kinder zu einer Gruppe zusammen und entwickeln ein positives Wir-Gefühl. Der Respekt und die Toleranz gegenüber den anderen Kindern werden etwa gefördert, indem die Kinder gemeinsam Pyramiden bauen oder sich Zirkusnummern ausdenken. Die angebotenen Requisiten haben einen besonderen Reiz – nun können die Kinder selbst die Kunststücke ausprobieren, die sie sonst im Zirkus bewundern und sich vielleicht gefragt haben, wie dies wohl funktioniert.

Das gemeinsame Ziel der Gruppe, eine Vorstellung zu präsentieren, fordert Kinder persönlich und als Gruppe positiv heraus. Aber nicht die Zirkusvorstellung selbst ist das, worum es in der Zirkuspädagogik geht – sondern die (Lern-)Prozesse, die durch die pädagogische Arbeit in Gang kommen. Und die Erfahrung, dass persönliches Engagement, regelmäßiges Üben und Lernen richtig Spaß machen können.

Jeder Tag an dem Du nicht lächelst, ist ein verlorener Tag!

Charlie Chaplin

Einige allgemeine Lernziele der Zirkuspädagogik sind:

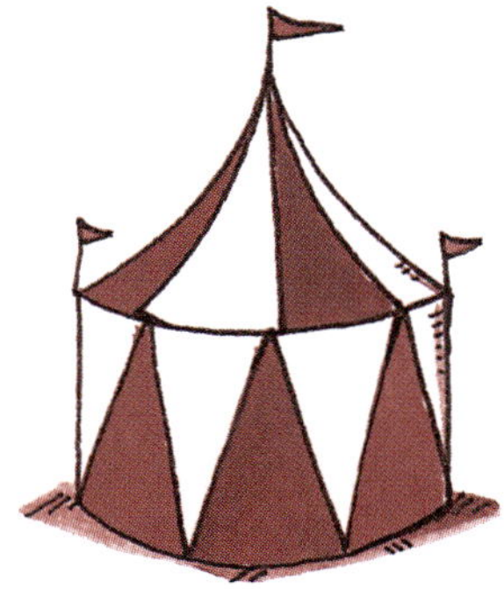

- Steigerung der Konzentrationsausdauer und der Frustrationstoleranz
- Förderung der Gruppenfähigkeit und der Konfliktfähigkeit
- Wecken der Sprechfreude und dadurch Erweiterung des Wortschatzes
- Steigerung der Kreativität
- Verbesserung der Bewegungsabläufe
- Verbesserung der Auge-Hand-Koordination und der Kommunikation zwischen linker und rechter Gehirnhälfte
- Steigerung der Reaktionsfähigkeit
- Stärkung und Erweiterung des Sozialverhaltens
- Förderung des Selbstvertrauens und Selbstwertgefühls durch die Anerkennung der Gruppe und des Publikums
- Vertrauen in die Zuverlässigkeit der anderen Kinder aufbauen

3. Zirkusprojekte – worauf man achten sollte

Um ein Zirkusprojekt kindgerecht zu gestalten, sollte in der pädagogischen Arbeit all das berücksichtigt werden, was einen „richtigen" Zirkus in Kinderaugen ausmacht. Von der Bereitstellung der Zirkusrequisiten (wie z. B. Jonglierteller, Bälle, Tücher, Pois, Zauberutensilien) über die Vermittlung der einzelnen Zirkuskünste bis zur gemeinsamen Planung und Durchführung der großen Zirkusvorstellung.

Um eine Zirkusgruppe aufbauen zu können, braucht es einiges an Vorbereitung. Zu allererst sollte man selbst einige der Zirkuskünste beherrschen, um diese den Kindern beibringen und sichernde Hilfestellung geben zu können. Denn für die Umsetzung der folgenden Übungen ist jeder selbst verantwortlich.

In diesem Bereich gibt es viele Fortbildungsmöglichkeiten:

- Zirkusübungsleiterschein
- Ausbildung in Zirkuspädagogik
- Workshops, um die Zirkuskünste selbst zu erlernen oder zu vertiefen

Durch die passende Musik und die Requisiten entsteht beim Üben die richtige Zirkusstimmung, welche die Augen der Kinder strahlen lassen und sie zum Ausprobieren motivieren.

Zur Planung eines Zirkusprojekts müssen einige Vorbereitungen getroffen und verschiedene Fragen geklärt werden:

- Wie viele Kinder und in welcher Altersgruppe können an diesem Projekt teilnehmen?
- Wo soll das Zirkusprojekt stattfinden? In einer Turnhalle oder einem Zirkuszelt?
- Wie lange soll das Projekt gehen? Wenige Wochen oder mehrere Monate mit einer Vorstellung am Ende oder als langfristiges Projekt ohne Zeitbegrenzung?
- Wie wird das regelmäßige Üben am besten in die Kindergarten-Wochenstruktur eingebaut?
- Welche Zirkuskünste sollen angeboten werden?
- Werden Requisiten selbst angefertigt oder gekauft? (Bauanleitung siehe Kap.5, Adressen Kap.6)
- Wie kann eine richtige Zirkusatmosphäre entstehen?

Wenn all diese Fragen geklärt und die Vorbereitungen getroffen sind, kann es losgehen.

Unsere Zirkusgruppe – ein Erfahrungsbericht

Bevor ich ein Zirkusprojekt beginne, veranstalte ich einen Elternabend, an dem ich die Eltern über das Vorhaben und die Inhalte informiere. Durch eine selbst erstellte Power-Point-Präsentation erläutere ich den Eltern die Ziele der Zirkuspädagogik und veranschauliche diese im Anschluss anhand von praktischen Selbsterfahrungen.

Zum Einstieg in das Thema besuche ich mit den Kindern einen richtigen Zirkus, bei dem wir uns gemeinsam eine Vorstellung ansehen. Bei einem kleineren Zirkus ist der Eintritt für Kinder unter 6 Jahren oft kostenlos. Wenn man mit einer Kindergruppe kommt und sich vorher ankündigt, kann man oft hinter die Kulissen schauen und bekommt alles gezeigt. Dies ist für die Kinder etwas ganz besonderes, denn wann dürfen sie schon einmal hinter den Manegenvorhang sehen und selbst etwas in der Manege ausprobieren?

Nach dem Zirkusbesuch spreche ich mit den Kindern über die Vorstellung: was ihnen beim Zirkus am besten gefallen hat und ob sie gerne selbst einmal in der Manege stehen würden. Dann besprechen wir gemeinsam, was sie vielleicht einmal selbst ausprobieren möchten und wann unsere Zirkusgruppe sich von nun an immer treffen wird.

Nun kann das Zirkustraining losgehen. Wenn es sich um ein längerfristiges Projekt handelt, trainiere ich mit einer Altersgruppe zwischen 2 und 6 Jahren einmal in der Woche eine Stunde lang. Ich habe aber auch schon andere Varianten ausprobiert: Zum Beispiel habe ich ein Tages-Projekt durchgeführt, in dem die Kinder vormittags 3 Stunden geübt haben und nachmittags ihren großen Auftritt hatten. Weitere Varianten könnten sein, dass die Kinder eine Woche lang jeden Tag eine Stunde üben und am Freitag eine große Vorstellung geben oder dass das Zirkusprojekt über längere Zeit angeboten wird und die Kinder alle zwei Wochen einmal üben. Hier sollte man sich gut überlegen, was sich für die Einrichtung oder Gelegenheit am besten eignet.

Bevor die Zirkusgruppe beginnt, lege ich die Materialien bereit. In jeder Woche setze ich einen anderen Schwerpunkt, woran sich die Kinder ausprobieren können. Wenn die Kinder kommen, läuft schon leise Zirkusmusik im Hintergrund und wir treffen uns alle erst einmal auf einer Matte. Dann bespreche ich mit den Kindern, was sie heute erwartet.

Anschließend wärmen wir uns gemeinsam auf, was für die Muskeln sehr wichtig ist. Als nächsten Schritt lasse ich die Kinder frei üben. Ich gebe Hilfestellungen und Tipps, lasse die Kinder aber selbstständig die Materialien ausprobieren. Nach der Erprobungsphase zeige ich den Kindern, was sie mit den Requisiten alles machen können. Das weckt die Experimentierlust der Kinder und sie vergessen oft alles andere um sich herum.

In einer weiteren Übungseinheit beginnen wir mit dem Bau der Menschenpyramiden. Zuerst machen wir Partnerübungen (wie im nächsten Kapitel beschrieben), um die Basis für die Pyramiden zu schaffen – das gegenseitige Vertrauen! Dann fangen wir mit kleinen Pyramiden an und steigern uns langsam bis hin zu den großen Pyramiden, in denen bis zu 15 Kinder zugleich ihren Platz finden. Meiner Erfahrung nach kann ich sagen: je mehr Kinder an einer Pyramide beteiligt sind, desto größer ist die Motivation. Die einzelnen Kunststücke fotografiere ich, damit die Kinder diese später auf CD in Form einer Fotoshow zu Hause präsentieren können.

Um die Zirkusgruppe ruhig ausklingen zu lassen, treffen wir uns auf einer dicken Weichbodenmatte und spielen „Zirkusprinz / Zirkusprinzessin". Bei diesem Spiel legen sich die Kinder gemütlich auf der Matte hin, schließen die Augen und lauschen einer langsamen Zirkusmusik. Nun tippe ich die Kinder langsam nacheinander an. Wenn ich sie angetippt habe, stehen sie leise auf und tippen die anderen Kinder an. Wenn alle Kinder „aufgewacht“ sind, ist unser Zirkusnachmittag zu Ende und die Kinder werden abgeholt. Dieser ruhige Ausklang ist bei den Kindern sehr beliebt.

Für die Eltern biete ich parallel zum Projekt mit den Kindern einen Workshop an, in dem sie die Kunststücke ebenfalls ausprobieren können, die ihre Kinder trainieren. So erfahren sie selbst, wie schwierig die Übungen sein können. Falls die Kinder miteinbezogen werden, sind diese sicher stolz, ihren Eltern auch einmal etwas beibringen zu können.

Als Abschluss des Projekts ist eine große Zirkusvorstellung geplant, in der die Kinder ihren Eltern, Verwandten und Freunden ihr Können präsentieren können. Nach einigen Wochen haben die Kinder bereits viel ausprobiert und gelernt. Nun beginnen wir langsam mit dem Einüben verschiedener Zirkusnummern für die Vorstellung. Die Kinder freuen sich so sehr auf die Vorstellung, dass sie am liebsten jeden Tag üben würden. Die Kinder wählen die passende Musik für ihre Zirkusnummern und denken sich Kostüme aus. Für die Schaffung einer schönen Zirkusatmosphäre können die Materialien (wie z. B. Eintrittskarten), sowie Dekoration, Musik und evtl. Getränke- und Essensangebot geplant werden.

Mir ist aufgefallen, dass gerade schüchterne Kinder vor ihrem Auftritt gerne geschminkt werden möchten. Dies gibt ihnen Sicherheit und sie trauen sich dann in der Vorstellung mehr zu. Der Ablauf der verschiedenen Zirkusnummern kann einzeln aneinandergereiht sein oder in eine Geschichte verpackt werden. Der Direktor des Zirkus macht eine Weltreise und begegnet dabei vielen verschiedenen Artisten und Tieren aus andern Ländern, die ihm ihre Künste präsentieren. Zum Beispiel trifft er in der Wüste die Fakire, in China die Tellerdreher und in Ägypten Kinder, die Menschenpyramiden bauen können.

Die Vorstellungen zeichne ich auf Video auf, um sie mir dann einige Tage später gemeinsam mit den Kindern anzusehen. Während der Vorstellung sind die kleinen Künstler oft so nervös, dass sie von den anderen Zirkusnummern nicht alles mitbekommen. Nach der großen Vorstellung sind sie sehr stolz und erzählen noch Wochen später davon. Die Vorstellung ist für die Zuschauer kostenlos. Als Spardose für Spenden stelle ich jedoch ein Zirkuszelt auf. Mit den Kindern bespreche ich, was von diesen Spenden z. B. noch an Zirkusrequisiten für weitere Aufführungen gekauft werden könnte.

4. Zirkuskünste für Kinder – Ziele und Praxisideen

Im Folgenden werden die verschiedenen Zirkuskünste (Pyramiden- und Bodenakrobatik, Jonglieren, Poi-Schwingen, Tellerdrehen, Balancieren, Clownerie, Fakir- und Feuerkünste und Zaubern) anhand von Theorie und praktischen Beispielen veranschaulicht. Bei der Umsetzung mit einer eigenen Kindergruppe sollte nach dem Prinzip „Vom Einfachen zum Schweren" vorgegangen werden, damit alle Kinder Erfolge erleben können.

Aufwärmspiele

Bevor man mit den Zirkusübungen beginnt, sollte man sich mit den Kindern zunächst einmal aufwärmen, da viele der Zirkuskünste sehr bewegungsintensive Aktivitäten sind. Darüber hinaus kann hierdurch das Verletzungsrisiko gesenkt werden. Geeignet sind Bewegungsspiele aller Art sowie Dehnübungen. Beginnen kann man mit leichten Fang- oder Rennspielen. So werden die Kinder lockerer, haben einen gemeinsamen Einstieg und gewöhnen sich schon einmal an die körperliche Nähe, die die Pyramidenakrobatik mit sich bringt. Als nächstes sollten Dehnungsübungen folgen, die sich die Kinder auch selbständig ausdenken können.

Einige sehr beliebte Spiele sind zum Beispiel:

Die Reifenreise – Zusammen schaffen wir das!

Bei diesem Spiel stehen die Kinder im Kreis und fassen sich an den Händen. Sie müssen nun versuchen, durch einen Reifen zu steigen, ohne einander loszulassen. Die Kinder helfen sich gegenseitig, indem sie ihre Hände heben oder senken, damit ein Kind durch den Reifen klettern kann. Die Kinder haben bei diesem Spiel immer sehr viel Spaß und unterstützen sich gegenseitig.

Möhrenziehen

Beim Möhrenziehen liegen die Kinder im Kreis mit dem Rücken auf dem Boden und fassen sich an den Händen. Nun sind diese Kinder „Möhren" bzw. „Karotten" und versuchen sich ganz schwer zu machen und ihren Körper anzuspannen. Der „Bauer" geht außen um die „Möhren" herum und zieht nun eine „Möhre" an den Beinen aus dem Kreis heraus. Die anderen Kinder versuchen die „Möhre", die gerade gerupft wird, fest zu halten. Wenn das Kind herausgezogen werden konnte, gibt es nun zwei „Bauern", welche die „Möhren" herausziehen möchten. Das Spiel ist zu Ende, wenn alle „Möhren" gerupft sind.

Die Rolltreppe

Bei der „Rolltreppe“ liegen einige Kinder auf einer weichen Matte dicht nebeneinander. Ein Kind legt sich quer über die anderen. Die unteren Kinder drehen sich nun alle gleichzeitig langsam nach rechts. Dadurch rollt das obere Kind langsam mit nach rechts bis zum Ende der Reihe über die „Rolltreppe“. Sobald das Kind am Ende angekommen ist, darf das nächste Kind sich über die „Rolltreppe“ rollen lassen.

Luftballontanz

Bei diesem Spiel läuft jedes Kind – einen Luftballon auf dem Finger balancierend – durch den Raum. Der Ballon kann auf unterschiedliche Weise balanciert werden:

- auf dem Finger
- auf dem Handrücken
- auf der Nase
- auf dem Knie oder Fuß
- auf dem Ellenbogen
- indem er mit dem Ballon eines anderen Kindes getauscht wird
- indem man ihn immer wieder hochfliegen lässt, ohne dass er den Boden berührt

Mattensandwich

Bei diesem Spiel benötigt man zwei dicke Weichbodenmatten. Drei Kinder legen sich zwischen die beiden übereinander liegenden Matten, während sich ein bis drei andere Kinder oben auf die Matten legen. Die Kinder zwischen den Matten versuchen nun herauszuklettern. Mit dieser Übung spannen sie ihren ganzen Körper an, wärmen sich auf und haben auch viel Spaß dabei. Bei kleineren Kindern bietet es sich an, dass sie von anderen Kindern zwischen den Matten herausgezogen werden.

Balanceslalom

Die Kinder stehen nebeneinander auf einer Bank. Das letzte Kind versucht nun an allen Kindern vorbei zum ersten Kind zu balancieren, ohne dass es selbst oder die anderen Kinder die Balance verlieren.

Der Mattenschieber

Bei diesem Spiel kniet ein Kind in der Bankposition auf einer Matte. Ein weiteres Kind versucht nun, das kniende Kind von der Matte zu schieben. So üben die Kinder ihre Kräfte einzusetzen und die für die Pyramiden nötige Standfestigkeit zu entwickeln. Als Variante können sich die Kinder einander gegenüberlegen und versuchen, sich mit den Füßen von der Matte zu schieben.

Pyramiden- und Bodenakrobatik

Pyramidenakrobatik

Das Bauen von Menschenpyramiden hat schon eine sehr lange Tradition. Ägyptische Malereien aus dem Jahr 2000 v. Chr. zeigen diese bereits.
Menschenpyramiden finden in der heutigen Zeit immer mehr Anhänger. In Ferienprogrammen, Kindergärten und Schulen werden Projekte dieser Art wieder vermehrt angeboten.

Die Pyramidenakrobatik eignet sich sehr gut als gemeinsamer praktischer Einstieg in einen Zirkusworkshop. So wachsen die Kinder schrittweise zu einer Gruppe zusammen, was für den weiteren Verlauf eines Zirkusworkshops sehr wichtig ist, da sie zusammenarbeiten und sich gegenseitig vertrauen müssen, um gemeinsam eine Vorstellung präsentieren zu können.

Die etwas kräftigeren Kinder sind sehr wichtig und können als Basis der Pyramide eingesetzt werden, was eine neue Erfahrung für viele Kinder ist. Das Selbstbewusstsein der Kinder wird gestärkt, da ohne sie die Pyramide nicht steht. Dieselbe Erfahrung machen auch eher zierliche Kinder, da sie an der Spitze der Pyramide stehen. Schüchterne Kinder haben die Chance, leicht in eine Pyramide integriert werden zu können, ohne dass sie allein im Vordergrund stehen müssen.

Weitere Ziele der Pyramidenakrobatik sind:

- Allgemeine Verbesserung des Muskeltonus
- Steigerung des Gleichgewichtsinnes
- Erlernen und Trainieren neuer Bewegungen
- Fairness
- Verbesserung der Körperspannung
- Steigerung des Selbstvertrauens
- Angstabbau
- Verbesserung der Kommunikation und des Wortschatzes durch Austausch in der Gruppe
- Steigerung der Konfliktfähigkeit
- Lernen, sich auf andere verlassen zu können

Wichtige Sicherheitsregeln der Pyramidenakrobatik:

Viele denken vielleicht, dass bei akrobatischen Übungen oder beim Bau von Menschenpyramiden das Unfallrisiko hoch ist. Jedoch ist das Verletzungsrisiko z. B. beim Fußballspielen höher. Der Grund dafür ist, dass Kinder beim Bau von Pyramiden zusammenarbeiten, um ihr Ziel zu erreichen und nicht wie beim Fußball gegeneinander. Hinzu kommt, dass die einzelnen Schritte zum Aufbau einer Pyramide erlernbar sind und eine Hilfestellung unterstützend in der Nähe sein muss.
Nach dem Aufwärmen kann mit der Akrobatik begonnen werden. Dabei müssen nachfolgende Sicherheitsregeln beachtet werden, die von allen Kindern verinnerlicht werden müssen:

- Jede Pyramide sollte den Kindern vorher so verständlich wie möglich erklärt werden. Ich male den Kindern die Pyramide vorher auf ein Plakat und erkläre ihnen so, welche Position jedes einzelne einnehmen sollte und warum

- Jede Pyramide mit Kindern sollte einzeln besprochen und aufgezeichnet werden (Aufstieg, richtige Position auf den anderen Kindern, Körperhaltung und Abstieg)

- Das Kommando „Und hepp!“ sollte klar abgesprochen sein. Bei „Und …“ machen sich die unteren Kinder bereit, und bei „… hepp!“ steigen die oberen Kinder auf die Pyramide auf oder ab

- Bei allen Pyramiden muss sichernde Hilfestellung gewährleistet sein, um Unfälle vermeiden zu können. Sobald die Pyramide unsicher wird, steigen zuerst die oberen Kinder ab. Erst danach stehen die unteren Kinder auf. Dies muss den Kindern ganz genau erklärt werden!

- Bei der „Bank“ knien die Kinder auf allen Vieren auf der Matte. Dabei sind die Knie im rechten Winkel zum Körper, die Füße flach auf dem Boden und der Rücken gerade. Die Knie stehen nicht direkt zusammen, sondern hüftbreit auseinander

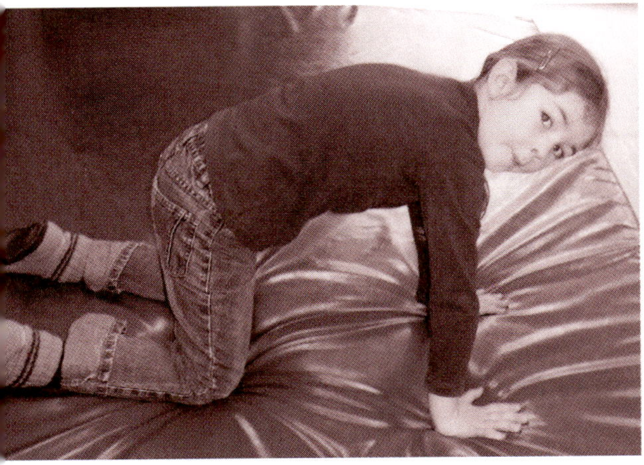

- SO NICHT! Die Kinder dürfen keinen Buckel oder Hohlkreuz bei der „Bankposition" machen

- Wenn Kinder sich eine Pyramide nicht zutrauen, muss dies respektiert werden. Vielleicht findet das Kind in der nächsten Einheit den Mut, sich an dieser Pyramide zu beteiligen

Partnerübungen

Wie in vielen anderen Bereichen sollte auch bei der Akrobatik zunächst mit den leichteren Übungen begonnen werden, damit die Sicherheit gewährleistet ist und alle Kinder zu einem Erfolgserlebnis kommen.

Durch die folgenden Partnerübungen kann das Vertrauen sowie das Gleichgewicht der Kinder gestärkt werden, welche wichtige Grundlagen für die größeren Pyramiden sind. Viele dieser kleineren Pyramiden können auch zu einer großen Pyramide verbunden und so immer neu kombiniert werden.

Eine wichtige Voraussetzung für akrobatische Übungen ist der **Artistengriff**:

Die folgenden Übungen sollten zuerst mit etwa gleich großen und gleich schweren Kindern erfolgen:

1 Die Kinder stehen sich gegenüber und fassen sich mit dem Artistengriff an. Die Kinder lassen sich nun beide langsam auseinander gleiten, bis die Arme gestreckt sind, und versuchen das Gleichgewicht ein paar Sekunden zu halten. Dann ziehen sie sich gegenseitig wieder aufeinander zu, um allein stehen zu können. Eine Variante ist die vorher beschriebene Waage in einander zugewandter Blickrichtung.

2 Die Kinder nehmen dieselbe Blickrichtung ein und lassen sich in die entgegen gesetzte Richtung gleiten.

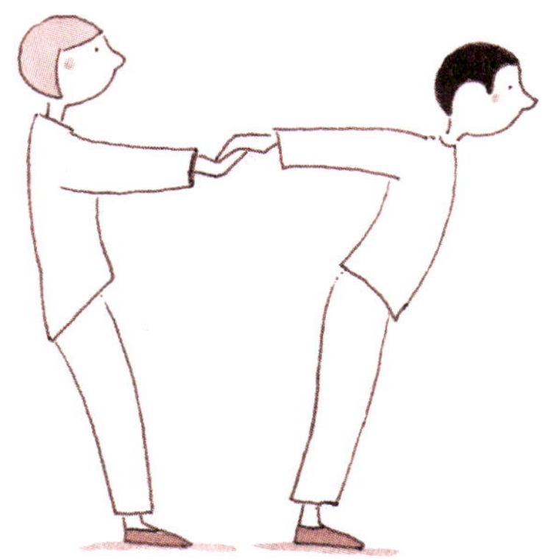

3 Wenn die vorherigen Übungen klappen, können die Kinder eine vorher festgelegte Hand loslassen. Dabei ist die Hilfestellung sehr wichtig.

4 Ein Kind liegt auf dem Boden und spannt den gesamten Körper an. Ein weiteres Kind hebt nun das liegende Kind an den Füßen hoch. Bei dem liegenden Kind darf nur der Kopf liegen bleiben. Der Rest sollte so angespannt sein, dass das Kind wie ein Brett hochgehoben werden kann (Baumstamm-Übung).

Um das Körpergefühl und die Körperspannung zu trainieren, gibt es noch viele weitere Übungen. Diese alle hier einzeln aufzuführen würde zu viel. Daher ist dies nur ein Ausschnitt an geeigneten Übungen.

Einen guten Einstieg in die Pyramidenakrobatik bieten meiner Meinung nach Übungen mit der Bankposition:

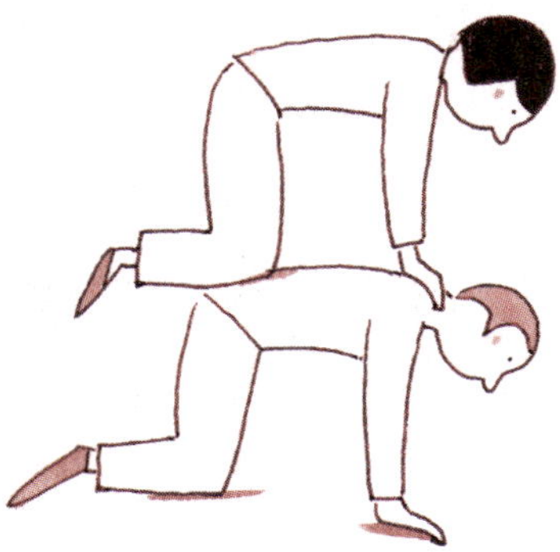

5 Das untere Kind verteilt das Gewicht gleichmäßig auf die Hände und Knie. Wichtig ist, dass die Arme durchgestreckt sind und die Knie in Hüftbreite aufgesetzt sind. Wie bereits erwähnt, dürfen die Kinder keinen Buckel bzw. kein Hohlkreuz machen. Das obere Kind kniet sich nun auf das untere Kind. Diese Bewegung sollte vorsichtig und gleichmäßig erfolgen. Das obere Kind hält sich an den Schultern des unteren Kindes fest und kniet sich auf dessen Po. Wichtig ist, dass die Füße des unteren Kindes flach auf dem Boden aufliegen müssen. Werden die Füße aufgesetzt und ein Kind fällt darauf, kann sich das Kind leicht den Fuß verstauchen.

6 Als weitere Steigerung kann sich das obere Kind seitlich in einer leichten Grätsche auf das untere Kind stellen. Dabei ist es wichtig, dass das Gewicht auf die Schulterblätter und Beckenknochen des unteren Kindes verteilt wird und nicht auf dessen Wirbelsäule.

7 Ebenso kann sich das obere Kind auf das Becken des unteren Kindes stellen. In Blickrichtung oder entgegengesetzt ist dies eine schwierigere Übung, die Kinder aber mit einiger Übung erlernen können. Die Hilfestellung ist sehr wichtig!

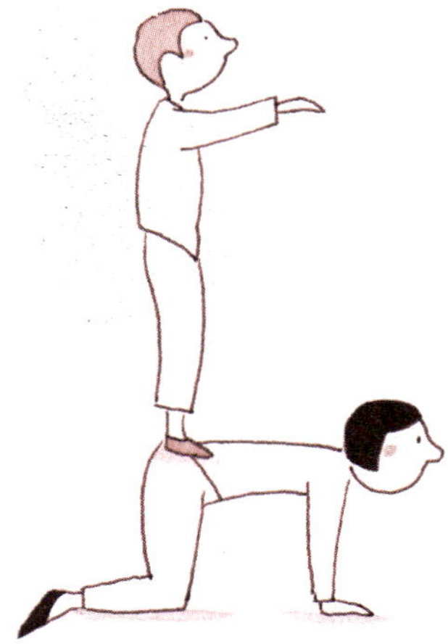

8 Für die nächsten zwei Übungen (sog. Leiter) legt sich ein Kind auf den Rücken. Das untere Kind liegt flach auf dem Boden. Das obere Kind stützt sich auf den Fußgelenken des unteren Kindes ab und gibt ihm zuerst einen (und bei sicherem Halt den zweiten) Fuß in die Hand des ausgestreckten Armes. Der Abstieg erfolgt langsam und in umgekehrter Reihenfolge.

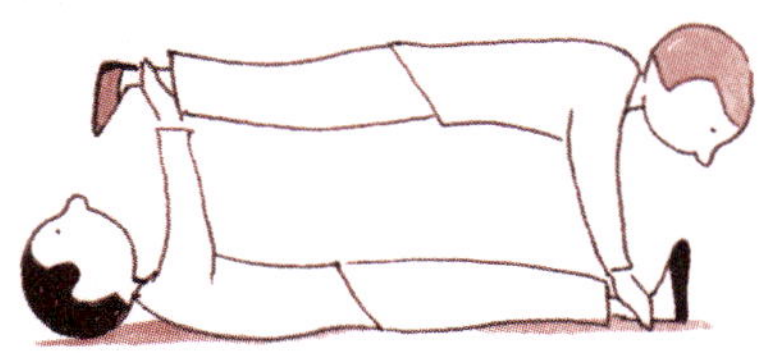

9 Das untere Kind kann auch auf dem Rücken liegend die Beine anwinkeln. Das obere Kind greift mit beiden Händen auf die Knie des unteren Kindes und gibt ein Bein in seine Hand. Das untere Kind streckt die Arme im rechten Winkel vom Boden weg. Wenn die Figur sicher steht, folgt das zweite Bein. Auch hier ist gute Körperspannung erforderlich!

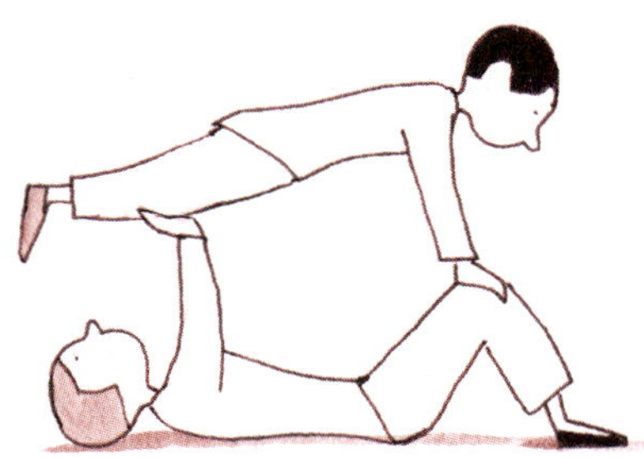

Die Galionsfigur

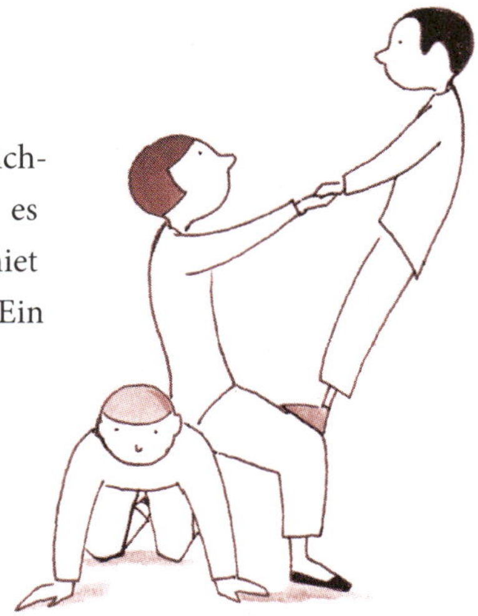

Die Galionsfigur ist eine schwierigere Form der Gleichgewichtsübungen. Bei jüngeren Kindern empfiehlt es sich, dass ein Kind in Bankstellung auf der Matte kniet und so der Gallionsfigur mehr Standfestigkeit gibt. Ein Kind setzt sich auf die Beckenknochen des unteren Kindes und fasst ein weiteres Kind mit dem Artistengriff an den Handgelenken. Bei „Und hepp“ steigt das obere Kind zuerst mit dem rechten und danach mit dem linken Fuß auf die Oberschenkel des unteren Kindes, wobei sich das untere Kind zurücklehnt um das Gleichgewicht zu halten. Sobald das obere Kind sicher steht, können die Arme gestreckt werden. Der Abstieg sollte langsam und in umgekehrter Reihenfolge durchgeführt werden.

Der Pyramidenbau beginnt

Beginnen sollte man mit einigen kleineren Pyramiden, an die sich schon bald schwierigere Übungen anschließen können. Die Kinder sehen dies als Herausforderung an, da sie auch große Pyramiden schaffen wollen. Im Übrigen sind die größeren Pyramiden für die einzelnen Kinder nicht schwieriger als die kleineren.

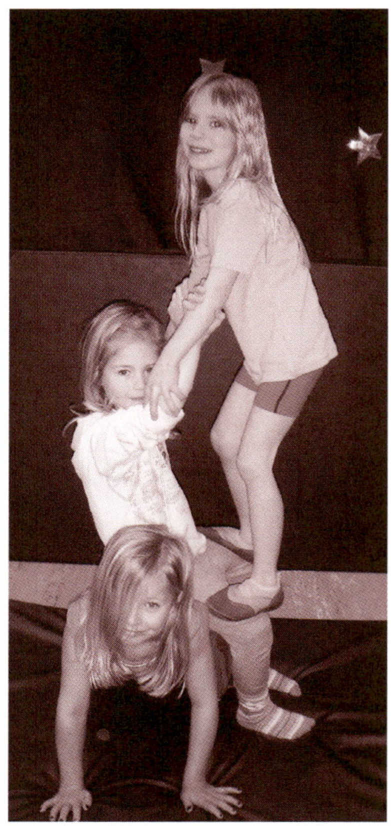

Die vereinfachte Galionsfigur

Beispiele für Pyramiden, die für Kinder leicht zu bauen sind und die trotzdem eine große Wirkung haben:

1 Bei dieser Pyramide knien zwei Kinder, voneinander abgewandt, in der Bankposition auf einer Matte. Zwei Kinder stellen sich zwischen die knienden Kinder und stützen sich auf deren Becken leicht ab. Ein leichtes Kind kann nun auf die Becken der gebeugt stehenden Kindern gehoben werden.

2 Diese Pyramide nennt sich Bank-Pyramide, da sie nur aus Kindern in der Bank-Position besteht. Die unteren Kinder knien eng beieinander und überkreuzen die Arme mit denen der Nachbarn. Die oberen Kinder knien jeweils auf Becken und Schulter von zwei unten knienden Kindern. Als Pyramidenspitze könnte sich noch ein Kind auf die zweite Kinderreihe stellen oder knien.

3 Bei dieser Pyramide knien zwei Kinder in der Bank-Position, voneinander abgewandt, auf einer Matte. Auf ihren Becken sitzen sich zwei Kinder gegenüber, mit den Knien nah beieinander. Ein leichtes Kind stellt sich, sobald die Pyramide sicher steht, auf die Knie der sitzenden Kinder.

4 Diese Pyramide ist nicht schwierig und bietet den Kindern schnell Erfolgserlebnisse. Zwei Kinder knien in der Bank-Position mit dem Blick nach vorne nebeneinander. Auf ihnen sitzt seitlich voneinander abgewandt jeweils ein Kind, das ein weiteres Kind abstützt, welches ein Bein nach hinten streckt.

5 Wenn viele kleinere oder schüchterne Kinder mitmachen, kann diese Pyramide auch im Rahmen einer Raubtierdressur vorgeführt werden. Die Raubtiere bauen Pyramiden wie diese, springen durch Reifen und sitzen auf kleinen Podesten. Die Verkleidung gibt den Kindern mehr Sicherheit und Mut. Eine weitere Variante wäre eine Clownspyramide, bei der ein Clown alle umwirft.

6 Ein Kind liegt auf dem Rücken und streckt die Beine gerade nach oben. Zwei weitere Kinder stützen die Füße des liegenden Kindes seitlich ab. Zwei Kinder halten sich an den Schultern der stehenden Kinder fest und strecken ein Bein nach hinten (Waage) aus, welches von einem weiteren Kind gehalten wird. Ein leichtes Kind wird auf die Füße des liegenden Kindes gehoben und die Pyramide ist komplett.

Bodenakrobatik

Handstand, Radschläge, Purzelbäume in verschiedenen Variationen sowie Kopfstände lassen sich ebenfalls sehr gut in eine Vorstellung einbauen. Im Finale machen die Kinder bei mir alle nacheinander auf einer Matte Purzelbäume und bleiben breitbeinig hintereinander sitzen. Bei „... hepp!" heben sie ihre Arme und präsentieren so gemeinsam das Ende der Vorstellung.

Ziele der Bodenakrobatik:

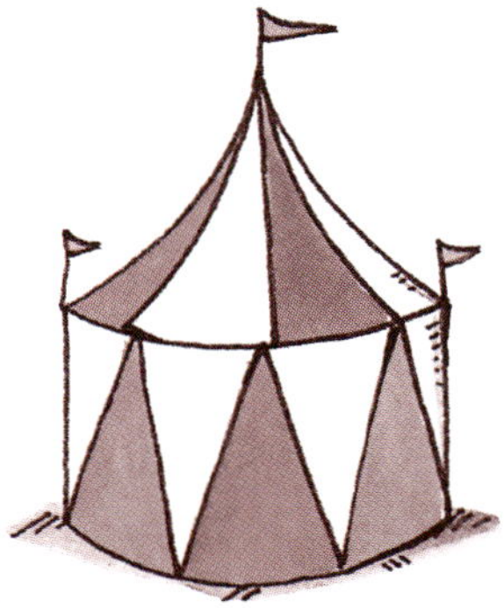

- Trainieren des Gleichgewichtsinns
- Erlernen und Trainieren neuer Bewegungen
- Fairness und Toleranz gegenüber anderen
- Verbessern der Körperspannung und des Körpergefühls
- Steigerung des Selbstvertrauens
- Verbesserung der Kommunikation und des Wortschatzes
- Steigerung der Konfliktfähigkeit

Handstand

Der Handstand ist für Kinder leicht an einer Matte zu üben. Die Hilfestellung ist hierbei aber sehr wichtig. Eine Matte liegt auf dem Boden und eine weitere lehnt festgebunden an einer Wand. Das Kind stellt sich vor die untere Matte, setzt beide Hände schulterbreit auf der Matte auf, stützt sich mit den Füßen an der oberen Matte ab und läuft diese rückwärts hoch. So steht das Kind mit Stütze aus eigener Kraft im Handstand.

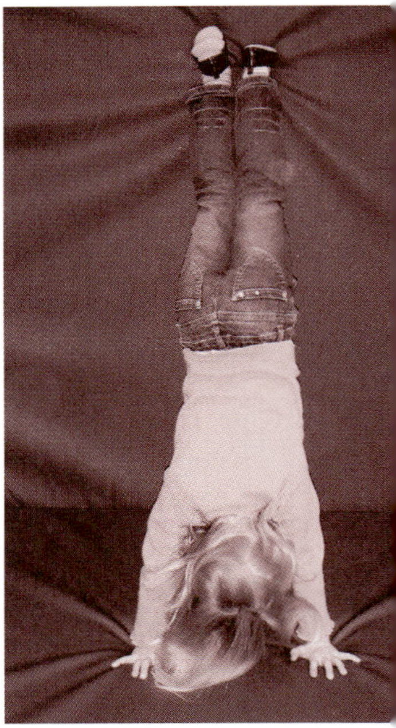

Der „Flieger"

Kinder probieren sehr gerne Bewegungen aus, die nicht alltäglich sind. Der „Flieger" in allen Variationen ist bei ihnen sehr beliebt. Einige Varianten sind unten auf den folgenden Fotos zu sehen. Wichtig ist, dass die Füße der unteren Person bei den Kindern nicht auf den Brustkorb des Kindes drücken.

Der Aufgang beim Flieger ist nicht zu kompliziert und lässt sich am besten durch Bilder zeigen. Die untere Person stützt die Füße gegen die Hüfte des vor ihm stehenden Kindes und fasst es bei den Händen. Die Zehen sollten leicht nach außen zeigen. Dann zieht die untere Person das Kind nach oben auf die eigenen Füße und kann, sobald das Kind dass Gleichgewicht halten kann, die Hände loslassen. Der Abstieg erfolgt gleichmäßig in umgekehrter Reihenfolge.

Der Vorwärts-Flieger mit Überschlag

Das Kind spannt den gesamten Körper an, um das Gleichgewicht zu halten (siehe oben). Dann lässt sich das Kind hängen und streckt die Arme seitlich weg. Diese Übung bezeichnen wir als „Wäscheleine".

Schließlich fasst die untere Person das Kind bei den Schultern und stößt es mit den Füßen so ab, dass es einen Überschlag macht und hinter dem Kopf der unteren Person landet. Um ein Zurückkippen zu vermeiden, werden erst nach der sicheren Landung die Schultern des Kindes losgelassen.

Der „Flieger" im Sitzen

Diese Fliegervariante ist sehr beliebt bei den Kindern und nicht allzu schwierig.

Der Seitwärts-Flieger

Der Seitwärts-Flieger ist etwas schwieriger. Dabei muss ein Fuß der unteren Person den Brustkorb und ein Fuß beide Oberschenkel abstützen. Die Kinder müssen dabei eine gute Körperspannung aufbauen können.

Der Rückwärtsflieger

Diese Art des Fliegers sollte man erst mit den Kindern üben, wenn sie die anderen Fliegerformen beherrschen und sich sicher fühlen. Um hier eine gute Körperspannung aufbauen und halten zu können, ist viel Übung notwendig.

Jonglieren

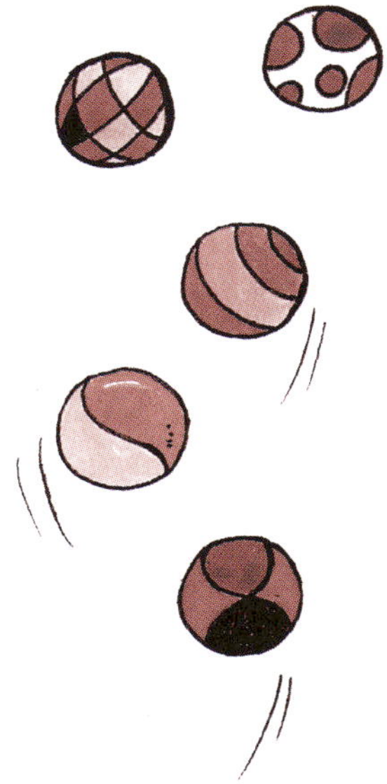

Wie die Akrobatik hat auch das Jonglieren eine lange Tradition. Abbildungen aus dem alten Ägypten und China belegen, dass schon vor Tausenden von Jahren jongliert wurde. Im Mittelalter zogen die Gaukler mit ihren Jonglier-Vorführungen umher, unterhielten ihre zahlreichen Zuschauer und verdienten sich so ihren Lebensunterhalt.

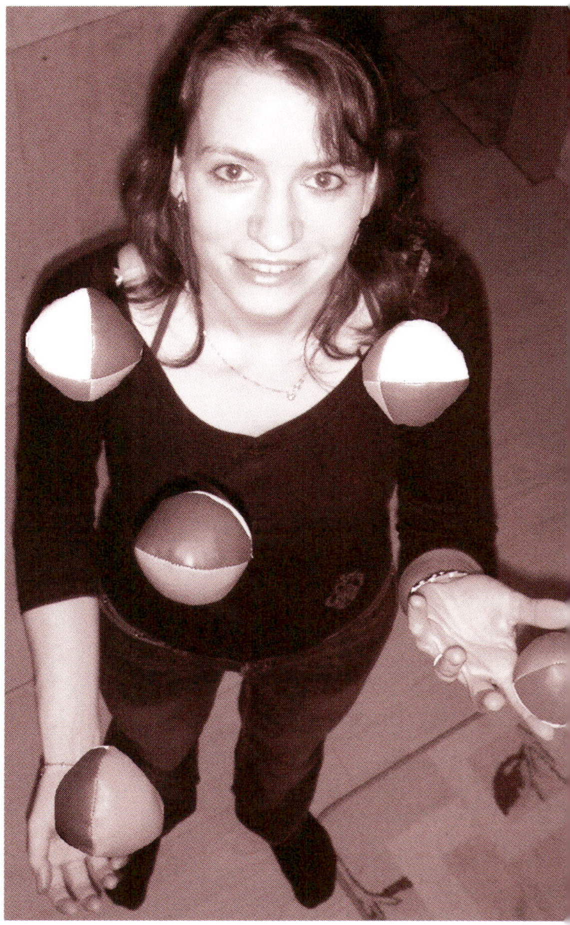

Jonglieren hat wie kaum eine andere Sportart den großen Vorteil, dass die Kinder überall und zu jeder Zeit üben können. Eigentlich kann man mit allem, was fliegt mehr oder weniger gut jonglieren. Wo immer es Bälle, Tücher oder etwas Ähnliches gibt, kann es losgehen. Die Kinder können auch verschiedene Requisiten miteinander kombinieren, wie zum Beispiel auf einer Laufrolle zu gehen und dabei zu jonglieren.

Da Chiffontücher langsamer fliegen als Bälle, empfiehlt es sich, das Jonglieren mit diesen zu beginnen. Die Kinder bekommen hierdurch ein erstes Gefühl für die Jonglierbewegungen. Das Jonglieren mit drei Tüchern kann eigentlich jeder erlernen, der den Ehrgeiz dazu entwickelt. Mit drei Bällen muss man etwas länger üben, um ein paar Tricks zu beherrschen. Schwierigere Tricks sind eher für diejenigen gedacht, denen das Jonglieren besonderen Spaß macht und die bereit sind, viel Mühe darauf zu verwenden. Denn um Tricks zu lernen, heißt es üben, üben, üben. Für Erwachsene kann das gekonnte Jonglieren aber auch eine gute Möglichkeit sein, um Stress abzubauen.

Durch das Überkreuzen der Körpermitte wird die Zusammenarbeit der rechten und linken Hirnhälfte gefördert, was wiederum die Koordination der Bewegungsabläufe fördert. Durch das regelmäßige Üben wird die Muskulatur gestärkt. Die Bewegungsabläufe werden flüssiger und die Ausdauer wird trainiert.

Ziele des Jonglierens:

- Allgemeine Verbesserung des Muskeltonus
- Förderung der Auge-Hand Koordination
- Förderung der Konzentration
- Förderung von Rhythmusgefühl und Raumorientierung

Jonglieren lernen ist gar nicht so schwer

Die Grundtechnik des Jonglierens (die Kaskade) ist gar nicht so schwer. Mit ein bisschen Übung kann es fast jeder lernen:

- Zu Beginn Jongliertücher benutzen, da sie langsamer fliegen als Bälle
- Wenn es mit Tüchern gut klappt, empfehle ich, es einmal mit zusammen geknoteten Socken zu probieren (sie fliegen etwas schneller als Tücher, sind jedoch träger und besser zu fangen als Bälle)
- Nicht zu hoch werfen – nur bis Augenhöhe!
- Vor einer Wand üben, um Würfe nach oben anstatt nach vorn zu üben
- Täglich zehn Minuten üben ist besser als zu lange auf einmal

TIPP: Im Internet kann man sich Videos zu verschiedenen Bereichen ansehen und so verschiedene Tricks leichter erlernen.

1 EIN Tuch in hohem Bogen werfen und wieder auffangen. Einmal mit rechts, einmal mit links beginnen.

2 Mit ZWEI Tüchern werfen und wieder auffangen. Die Rechtshänder werfen das Tuch aus der rechten Hand in einem hohen Bogen zur linken Hand. Wenn das Tuch aus der rechten Hand auf Augenhöhe ist, wird das Tuch aus der linken Hand geworfen. Die Tücher sollten nacheinander geworfen und somit auch nacheinander aufgefangen werden. Diesen Ablauf muss man einige Male üben, bis die Würfe sicher geworden sind.

3 DREI Tücher werfen und wieder auffangen (Grundmuster des Jonglierens – die Kaskade). Rechtshänder beginnen rechts. Zwei Tücher sind in der rechten Hand und eins in der linken.

Die Rechtshänder werfen das Tuch aus der rechten Hand in einem hohen Bogen zur linken Hand. Wenn das Tuch aus der rechten Hand auf Augenhöhe ist, wird das Tuch aus der linken Hand geworfen. Wenn das Tuch aus der linken Hand Augenhöhe erreicht hat, wird das nächste Tuch aus der rechten Hand geworfen und das vorherige Tuch mit der rechten Hand aufgefangen.

Tricks beim Jonglieren:

- ein Tuch hochwerfen oder von unten hochpusten
- ein Tuch von links nach rechts werfen und anders herum
- zwei Tücher hochwerfen und fangen
- zwei Tücher über Kreuz werfen
- zwei Tücher zeitlich versetzt über Kreuz werfen
- ein oder zwei Tücher unter einem Bein hindurch werfen
- ein Tuch hinter dem Rücken her werfen
- einen Tüchertanz einstudieren

Kinder erlernen das Jonglieren mit zwei Tüchern oft schneller, als man denkt. Sie können es dann mit Ringen, Bällen oder Keulen versuchen.

Tücherreihe

Die kleinen Jongleure stehen nebeneinander in einer Reihe. Jedes Kind hält ein Tuch in der rechten Hand. Auf das Kommando „… hepp!" werfen alle ihr Tuch hoch, gehen einen Schritt nach rechts und fangen so das Tuch ihres Nachbarn. Das Kind, das rechts außen stand, muss nun hinter allen Kindern her an das andere Ende der Reihe laufen und das Tuch fangen. Als Variante können die Kinder hintereinander in einer Reihe stehen und nach dem Hochwerfen nach vorne unter dem fliegenden Tuch hindurchgehen.

Jonglieren zu zweit

Die Jonglierpartner stellen sich Schulter an Schulter nebeneinander. Jedes Kind hat ein Tuch in der äußeren, vom Partner abgewandten Hand. Das rechte Kind hat zwei Tücher und beginnt. Sobald das Kind sein Tuch geworfen und dieses seinen höchsten Punkt erreicht hat, wirft das andere Kind sein Tuch los. So ist immer ein Tuch in der Luft. Dieses Muster sieht sehr schön aus und ist für die Kinder nicht allzu schwierig zu lernen.

Jonglierspiel für Kinder

Bei diesem Spiel stehen die Kinder in einem Kreis, wobei jedes Kind ein Tuch oder einen Ball in der rechten Hand hält. Auf Kommando werfen sie den Ball von der rechten in die linke Hand des Nachbarn. Durch diese Übung wird spielerisch das Werfen und Fangen geübt.

Rotierende Ringe am Handgelenk
Die kleinen Jongleure können Jonglierringe am Handgelenk kreisen lassen. Wenn sie zwei Ringe rotieren lassen und die Bewegung ihrer Hand kurz stoppen, drehen sich die Ringe versetzt weiter, was ein sehr schönes Bild ergibt und für Kinder leicht zu erlernen ist.

Choreografien
Eine Jonglage-Nummer wirkt besonders schön, wenn die Kinder eine kurze Choreografie einstudieren. Wenn sie alle zugleich eine Übung präsentieren, egal wie einfach diese ist, wirkt sie in Gemeinschaft viel eindrucksvoller. Dieses gemeinsame Präsentieren bietet den Kindern zusätzlich mehr Sicherheit, als wenn sie allein in der Manege stehen würden.

Beispiel 1: Tuch-Jonglage
Zu flotter Musik betreten 5–6 Kinder mit zwei Tüchern in den Händen die Manege und stellen sich nebeneinander auf. Auf ein Kommando einer im Hintergrund stehenden Erzieherin heben die Kinder ihren rechten Arm hoch und bewegen das Tuch im Takt der Musik von oben nach unten. Sie drehen sich im Kreis, springen hoch, tanzen umeinander herum, werfen die Tücher über Kreuz in die Luft und fangen sie wieder auf. Zum Ende der Nummer knien und stellen sie sich zu einem Standbild zusammen.

Beispiel 2: Diabolo

Auch wenn einige Kinder die Grundbewegung des Diabolo-Spielens beherrschen, kann eine sehr schöne Choreografie entstehen. Sie stehen nebeneinander oder leicht versetzt in zwei Reihen in der Manege und zeigen parallel ihre Tricks. So fallen eventuelle Unsicherheiten oder kleine Fauxpas der Kinder nicht so sehr auf.

Poi-Schwingen

Man sollte den Kindern die Pois zunächst einmal vorstellen, z. B. sie zuerst auf den Boden legen und die Kinder den Gegenstand beschreiben lassen. Danach können die Kinder ausprobieren, wie der Poi sich in der Luft bewegt und wie sie ihn steuern können. Für diese Übungseinheit sollte man die Gruppe verkleinern, da sehr viel Platz benötigt wird.

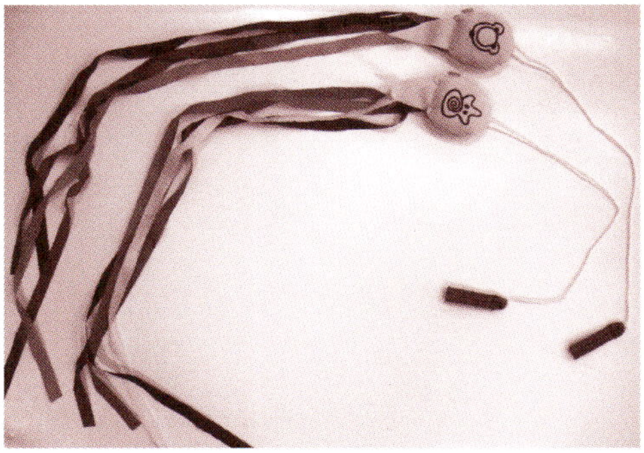

Im Anschluss können den Kindern einige Übungen gezeigt werden. Zuerst kann man den Poi neben sich schwingen lassen, weiter vor sich, hinter sich, schließlich auch in Form einer Acht etc. Die Kinder haben immer sehr viel Spaß während einer solchen Übungseinheit. Es empfiehlt sich, weiche Pois zu benutzen, da die Kinder ihn zu Beginn noch nicht richtig steuern und sich vielleicht selbst treffen können.

Ziele des Poi-Schwingens:

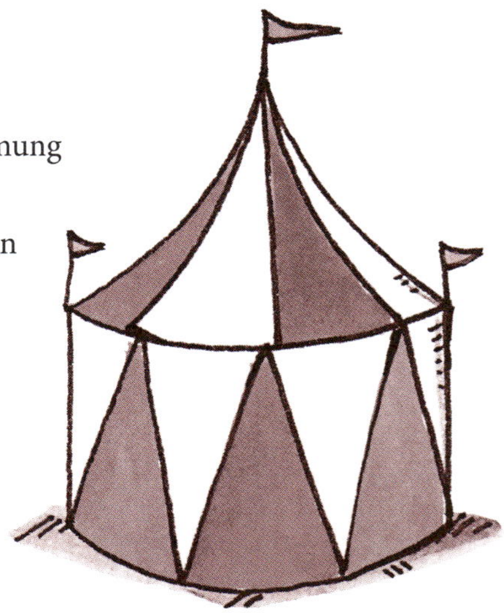

- Förderung der visuellen sowie taktilen Wahrnehmung
- Kennenlernen und Ausprobieren des Materials
- Erfahrungen sammeln mit dem Schwungverhalten des Poi (Experimentieren)
- Förderung der räumlichen Orientierung und Wahrnehmung
- Erhöhung der Frustrationstoleranz
- Förderung der Beweglichkeit im Handgelenk

Einfache Tricks mit dem Poi:

- einen Poi neben sich im Kreis schwingen, vorwärts und rückwärts
- zwei Pois neben sich schwingen
- mit einem Poi eine Acht neben sich schwingen
- mit einem Poi abwechselnd eine Acht über und vor sich schwingen
- sich mit einem Poi im Kreis drehen

Wenn Sie schüchternere Kinder in der Zircusgruppe haben, diese sich aber nicht so recht trauen mit den anderen aufzutreten, eignen sich Leuchtutensilien wie zum Beispiel Leuchtbälle, Leuchtstäbe oder Leuchtpois.

Dadurch, dass die Kinder nun im Dunkeln auftreten und ihre Leuchtutensilien im Vordergrund stehen, fällt Ihnen das Auftreten vor dem Publikum vielleicht nicht so schwer. Und sie bekommen Applaus zur Anerkennung für ihre Leistungen. Am Ende der Nummer schalte ich das Licht an und die Kinder der Leuchtnummer verbeugen sich, so dass alle wissen, wer diese schöne Nummer vorgeführt hat.

Stabdrehen (Twirling)

Beim Stabdrehen werden ähnliche Bereiche angesprochen wie beim Jonglieren oder beim Spielen mit dem Poi. Vor allem trainieren die Kinder ihr räumliches Vorstellungsvermögen, wenn sie zum Beispiel die Form einer liegenden Acht durch Bewegung darstellen wollen.

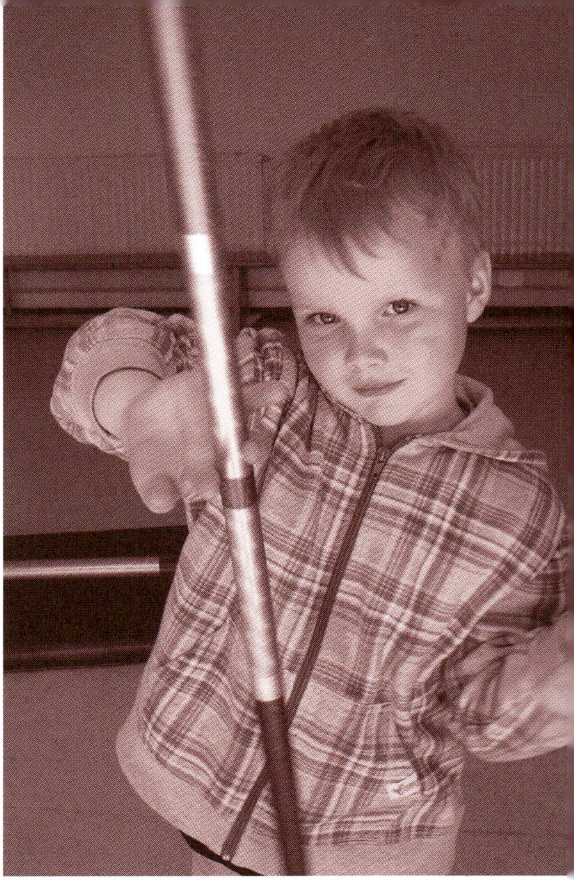

Ziele des Stabdrehens:

- Raumorientierung wird gefördert
- Beweglichkeit und Kraft im Handgelenk werden aufgebaut
- Die Auge-Hand-Koordination sowie die Konzentration werden gefördert

Der Stab wird in der Mitte gehalten und in einer fließenden Bewegung in Form einer Acht bewegt. Zu Beginn ist es einfacher, wenn man den Stab waagerecht vor sich hält und mit der anderen Hand die Stabspitze nach oben anstößt. So hat man schon die richtige Drehbewegung und kann leichter die Bewegung weiterführen.

Wenn die Kinder die Grundbewegung beherrschen, können sie weitere Tricks ausprobieren:

- vorwärts und rückwärts drehen im Kreis oder in der liegenden Acht
- hinter dem Rücken drehen
- über dem Kopf drehen
- hinter dem Rücken und über dem Kopf nacheinander
- von der rechten Hand in die linke Hand wechseln
- den Stab mit einem anderen Kind tauschen

Balancieren

Das Balancieren über eine schmale Bank oder über ein echtes Drahtseil macht den Kindern besonderen Spaß. Beim Balancieren richten die Kinder ihren Blick auf einen festen Punkt – am besten fixieren sie dabei das Ende der Strecke, das Seil- oder Bankende.

Ziele des Balancierens:

- Förderung des Gleichgewichtssinns
- Förderung der Konzentration
- Stärkung des Körpergefühls und der Körperspannung
- Abbau von Ängsten
- Stärkung des Selbstvertrauens

Balancieren auf der Laufrolle

Beim Balancieren auf der Rolle müssen die Kinder ebenso einen festen Punkt im Raum fixieren, damit sie das Gleichgewicht halten können. Sie sollten sehr kleine Schritte auf der Rolle machen, damit die Balancierrolle sich nicht zu schnell bewegt. Die Erzieherin sollte rückwärts vor der Rolle laufen, um sie ggf. zu stoppen. Außerdem empfiehlt es sich, die Kinder anfangs an beiden Händen festzuhalten. Sobald sie sicherer geworden sind, benötigen sie nur noch eine hilfreiche Hand zum Abstützen. Mit der Zeit werden die Kinder immer mehr Tricks entwickeln.

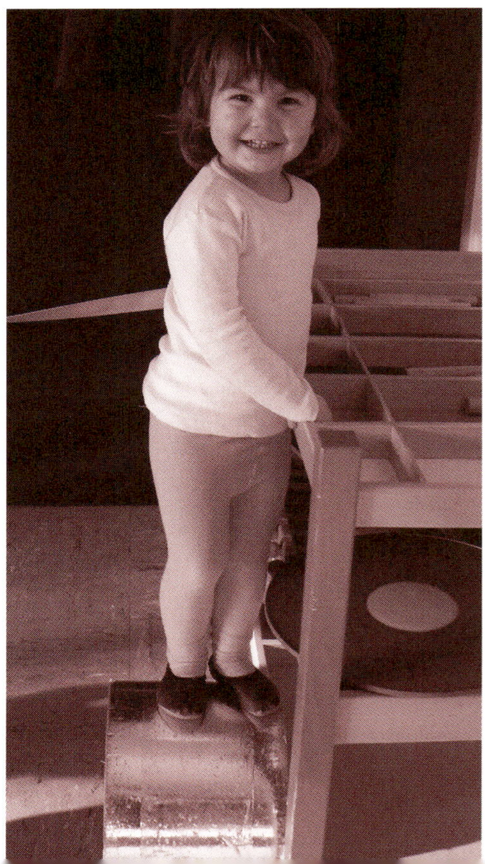

Praktische Beispiele:

- vorwärts auf der Rolle gehen
- rückwärts laufen
- auf der Rolle balancieren und dabei mit einem Tuch winken oder einen angedrehten Teller halten
- ein Kind läuft auf der Rolle und ein Kind dreht sich in der Rolle liegend mit
- zu zweit auf der Rolle laufen

Balancieren auf dem Rola Bola

Schließlich erfordert auch das Balancieren auf dem Rola Bola die Fixierung eines festen Punktes im Raum. Wenn das Rola Bola auf einer weichen Matte liegt, rollt es langsamer und die Kinder können leichter das Gleichgewicht halten. Das Rola Bola kann auch als Wippe genutzt werden, indem die Kinder der Länge nach über das Brett gehen.

Der Aufstieg auf das Rola Bola ist nicht ganz einfach. Die Kinder sollten sich darum anfangs irgendwo abstützen, bis sie mit beiden Füßen auf dem Brett stehen und das Gleichgewicht halten können. Jüngeren Kindern kann hier anfangs auch sichernde Hilfestellung gegeben werden.

Balancieren auf einem echten Holzseil

Beim Balancieren auf dem Holzseil – einer umgekippten Bank – sollten sich die Kinder wieder einen festen Punkt suchen und die Arme ausstrecken, um das Gleichgewicht besser halten zu können.

Tricks beim Balancieren über die Bank:

- vorwärts, seitwärts oder rückwärts balancieren (allein oder mit Hilfe eines Erwachsenen oder eines Kindes)
- mit einer Requisite (z. B. Teller) über das Holzseil gehen
- beim Balancieren ein Tuch aufheben
- durch einen oder mehrere Reifen balancieren
- zwei Kinder gehen von zwei Seiten aufeinander zu und gehen rückwärts zurück
- zwei Kinder gehen aufeinander zu und gehen vorsichtig aneinander vorbei, um das andere Ende zu erreichen

Tellerdrehen

Beim Tellerdrehen haben die Kinder schnell Erfolgserlebnisse. Die Kinder können Tricks wie Rückwärtslaufen, die Nasen-Balance oder das Wegnehmen des Tellers bei anderen Kindern ausprobieren.

Der Teller wird unter der überstehenden Kante auf die Stabspitze gehängt und langsam gedreht. Dieses Drehen muss locker aus dem Handgelenk geschehen – so, als ob man mit dem Stab Kreise an der Decke malen möchte. Wenn sich der Teller schnell und gleichmäßig dreht, hört man auf, den Stab zu drehen und dieser rutscht automatisch in die Mitte des Tellers. Um den Teller selbstständig andrehen zu können, brauchen Kinder sowie Erwachsene viel Übung. Kindern, welche das selbstständige Andrehen noch nicht beherrschen, sollte man wiederholt den Teller andrehen und diesen dann übernehmen lassen.

Hier einige Tricks:

- den angedrehten Teller auf dem Stab balancieren und dabei durch den Raum gehen
- den angedrehten Teller bei einem anderen Kind mit dem Stab wegnehmen
- mit dem angedrehten Teller über eine Bank balancieren oder auf der Balancierrolle laufen
- den Teller vom Stab auf den Finger übernehmen und mit diesem balancieren
- sich mit dem Teller hinsetzten oder hinlegen und wieder aufstehen
- sich mit dem Teller hinlegen, sich einmal seitlich rollen und dann wieder aufstehen

Clownerie

Die Clownerie kann viele Zirkuskünste verbinden, Geschichten erzählen und Freude verbreiten. Kinder haben die Möglichkeit, in neue Rollen zu schlüpfen und so Alltagsprobleme zu verarbeiten. Im Kinderzirkus können die kleinen Clowns in die Zuschauerreihen gehen und zum Mitmachen animieren. Manch schüchternes Kind wächst – als Clown geschminkt – über sich hinaus und zeigt sich plötzlich sehr selbstbewusst in der Manege.

Bienchen, Bienchen, gib mir Honig

Zwei Clowns kommen gemeinsam in die Manege.

Clown 1 stellt sich dem Publikum vor: „Ich bin der August."

Clown 2 stellt sich ebenfalls vor: „Und ich bin der September!" *Er stellt sich in jede Richtung der Zuschauer wiederholt vor.*

Clown 1: „Du, September?! Willst du nicht ein lustiges Spiel mit mir spielen?"

Clown 2 lacht: „Na klar!"

Clown 1: „Also, du bist eine Bienenkönigin, und das ist dein Thron." (*Clown 1 zeigt auf einen Stuhl.*)

Clown 2: „Ich bin die Bienenkönigin".

Clown 1 setzt Clown 2 eine Krone auf den Kopf.

Clown 1: „Ich fliege jetzt von Blume zu Blume und sammle Honig. Wenn ich wieder vor dir stehe, sagst du: Bienchen, Bienchen, gib mir Honig."

Clown 2: „Dann flieg mal los."

Clown 1 fliegt summend mit ausgebreiteten Armen durch die Manege und sammelt Honig. Vorher wurden einige künstliche Blumen verteilt, wo der Clown nun Honig sammeln kann. Clown 1 macht an einer bestimmten Blume Pause und nimmt einen Schluck Wasser aus einer danebenstehenden Flasche.
Als Clown 1 wieder bei Clown 2 ankommt, sagt dieser: „Bienchen, Bienchen, gib mir Honig!"
Daraufhin spuckt ihm Clown 1 das Wasser ins Gesicht.
Clown 2 springt überrascht auf und schreit: „Iiihh ist das nass! Na warte, wenn ich Dich erwische!"
Clown 2 jagt Clown 1 aus der Manege. Dann kommen sie noch einmal gemeinsam herein, um sich zu verbeugen.

Die Popcorn Clowns

Die Clowns können gut eine Umbau-Pause überbrücken, indem sie zu den Zuschauern gehen und ihnen Popcorn anbieten. Sie versuchen, bei einigen Zuschauern ein Stück Popcorn in den offenen Mund zu werfen. Dies wiederholen sie einige Male. Da dies nicht funktioniert, tun sie so, als wenn sie den gesamten Inhalt ihres Bauchladens über einem Zuschauer auskippen wollten. Dieser wird zunächst sicher sehr erschrocken sein … aber er wird nicht mit Popcorn überschüttet.

Denn das Popcorn hängt in einer Kette vom Bauchladen herab. Die Clowns lachen sich kaputt und rennen aus der Manege.

Flasche balancieren

Ein Clown kommt mit einem Stock in die Manege und versucht darauf eine Flasche zu balancieren, was ihm allerdings nicht besonders gut gelingt: Der Stock schwankt stark hin und her, die Flasche scheint auf dem Kopf zu stehen. Am Ende seiner Nummer schultert er seinen Stock, an dem die Flasche nun kopfüber hängt. Pointe: Die Flasche wurde vorher am Stock festgeklebt.

Tischtennisball auf der Nase

Ein Clown kommt in die Manege, sieht nach oben und setzt sich einen roten Schaumstoffball auf die Nase. Diesen balanciert er auf der Nase. Nun holt er einen zweiten Schaumstoffball aus seiner Hosentasche und balanciert nun 2 Bälle übereinander. Danach neigt er den Kopf nach vorn und verrät so seinen Trick: Die Bälle wurden vorher mit doppelseitigem Klebeband präpariert und kleben so aufeinander auf der Nase.

Fakir- und Feuerkünste

Der mutige Fakir, der furchtlos über Scherben geht und keine Angst vor dem Nagelbrett zeigt, wird oftmals als der Höhepunkt der Vorstellung empfunden. Diese gefährlich aussehenden Tricks kann man Kindern aber ohne Gefahr vermitteln, solange diese verantwortungsvoll mit dem Gelernten umgehen. Allen Kindern müssen die Gefahrenquellen deutlich vor Augen geführt werden, damit niemand das Gelernte allein versucht.

Die Ziele dieser Zirkustechnik sind:

- Förderung der Konzentration
- Steigerung des Selbstvertrauens
- Training der Kraftdosierung
- Aufbau der Körperspannung

Scherbenlaufen

Das Scherbenlaufen fasziniert die Kinder besonders. Allerdings müssen sie jedoch auch verinnerlicht haben, dass dies bearbeitete Scherben sind und sie dieses Kunststück nicht ohne Aufsicht nachmachen dürfen. Das Staunen des Publikums, wenn die Kinder furchtlos über Scherben gehen, macht die Kinder stolz und stärkt ihr Selbstwertgefühl.

Vorbereitung der Scherben:

Es sollte relativ dickes Glas benutzt werden (Sekt- oder Weinflaschen eignen sich am besten). Flaschenböden sowie Hälse bitte aussortieren. Es empfiehlt sich, die Scherben sehr lange mit grobem Salz oder Sand zu kochen und sie danach länger in einem groben Leinentuch zu schütteln, damit sich die Spitzen abschleifen. Je mehr Scherben auf einem Haufen liegen, desto geringer ist die Verletzungsgefahr. Liegen viele Scherben auf einem Haufen, verteilen sich die Scherben, sobald sich jemand darauf stellt, so, dass die Kinder nicht direkt auf die Spitzen treten werden.

Anleitung zum Scherbenlaufen:

Nun kann es auch schon losgehen. Zuerst treten die Kinder mit einem Fuß in die Mitte des Scherbenhaufens. Dann verlagern sie ihr Gewicht auf diesen Fuß, um anschließend ihren anderen Fuß ebenfalls auf die Scherben stellen zu können. Dies alles sollte sehr langsam geschehen. Man sollte die Kinder erst mit Socken über die Scherben gehen lassen, damit sie sich an den Umgang gewöhnen. Wenn sie sicher und gleichmäßig über die Scherben gehen, dürfen sie es beim nächsten Mal auch ohne Socken probieren. Nachdem die Kinder über die Scherben gegangen sind, müssen ihre Füße abgefegt werden, damit sie sich keine einzelne Scherbe in den Fuß treten können.

Die Kinder in meiner Zirkusgruppe machen gerne einen Feuertanz vor dem Scherbenlaufen. Sie halten ein beklebtes Glas mit einem Teelicht in der Hand und führen einen kleinen einstudierten Tanz vor. Dies schafft die richtige Atmosphäre für eine Fakirnummer.

Das Nagelbrett

Mit einem selbst gebauten Nagelbrett wirkt eine Fakir-Nummer noch eindrucksvoller. Dazu die Nägel zu einem kleinen Teil in das Holz eingeschlagen, damit die Kinder auf den Nagelköpfen und nicht auf den Nagelspitzen stehen. Die Kinder sollten zuerst mit Schuhen, danach mit Socken und zum Schluss erst barfuß auf das Nagelbrett gehen.

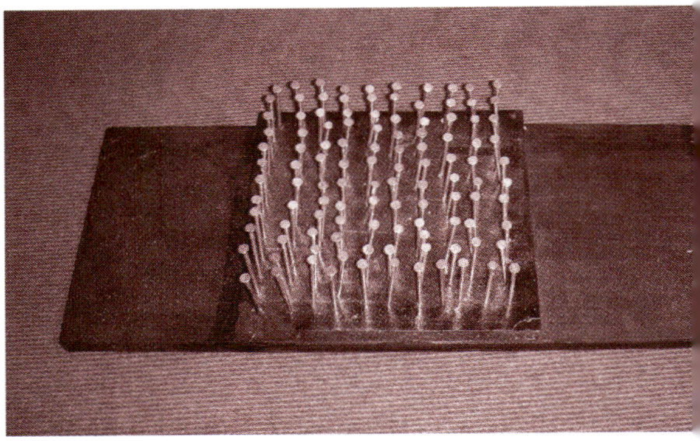

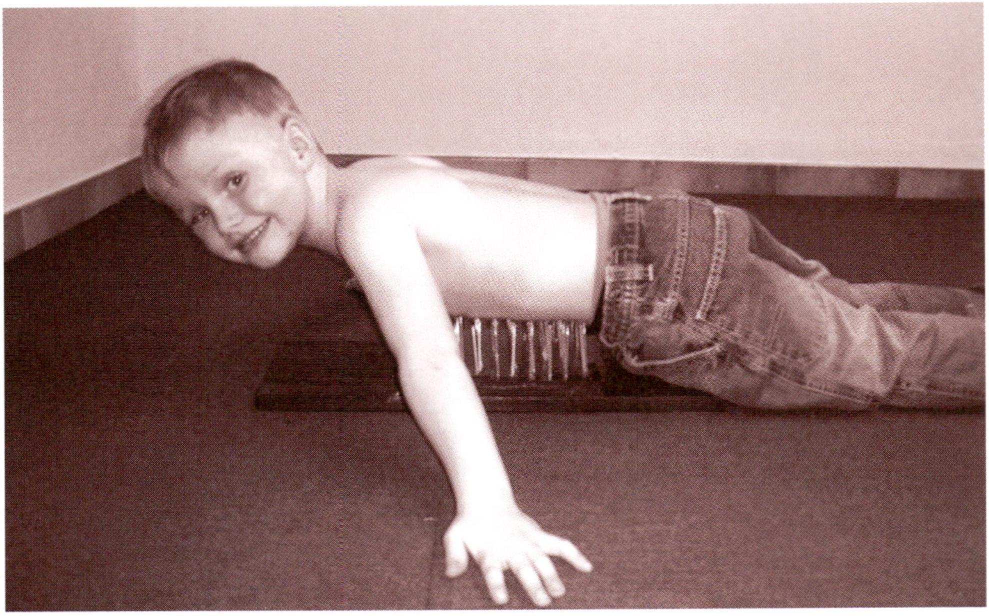

Zaubern

Kleine Zaubertricks können Kinder ohne allzu viel Übung einüben. Es erfordert jedoch einige Übung, diese Tricks so vorzuführen, dass die Zuschauer den Trick nicht nachvollziehen können.

Ziele des Zauberns:

- Steigerung der Fingerfertigkeit
- Verbesserung der Auge-Hand-Koordination
- Steigerung von Konzentration und Ausdauer

Der verschwundene Cent

Der kleine Zauberer muss bei diesem Zaubertrick einen heimlichen Verbündeten im Publikum haben! Er legt einen Cent unter ein Tuch und lässt mehrere Zuschauer nacheinander unter dem Tuch fühlen, ob der Cent auch noch darunter liegt. Der letzte Zuschauer ist dann der Verbündete und lässt den Cent heimlich verschwinden. Der Zauberer kann das Tuch nun hochheben und siehe da – der Cent ist auf wundersame Weise wirklich verschwunden. Ebenso kann der Zauberer den Cent auf magische Weise und in umgekehrter Reihenfolge wieder herzaubern.

Der Zauberstab, der zu Gummi wird

Dies ist ein ganz einfacher Trick, den sich auch schon die Kleinsten gut aneignen können. Nach einem Zauberspruch hält der kleine Zauberer den Zauberstab locker zwischen Daumen und Zeigefinger und wippt ihn auf und ab. Durch die schnelle Bewegung sieht es aus, als sei dieser tatsächlich aus Gummi.

Die magisch wachsende Palme

Aus stabilem Papier wird eine dicke Rolle gewickelt und an einem Ende in Streifen (ca. 2 cm breit und 10 cm lang) eingeschnitten. Danach zieht der kleine Zauberer einige der so entstandenen Streifen nach oben. So wächst die magische Palme auf wundersame Weise.

Die Zauberflasche

Der kleine Zauberer steckt ein Seil in eine scheinbar leere Flasche, dreht die Flasche herum, lässt sie plötzlich fallen und die Flasche bleibt am magischen Seil hängen.

Um diesen Trick vorführen zu können, benötigt der Magier eine leere, undurchsichtige Flasche sowie eine Holzkugel oder einen dicken Knoten und ein Seil.

Eine Kugel (oder einen dicken Knoten), die gerade eben durch den Flaschenhals passt, steckt der Zauberer heimlich vor der Vorstellung in die Flasche hinein. Er muss auf den Flaschenboden fallen.

Trick:

1 Der Zauberer steckt das Seil in die Flasche, bis das Ende den Flaschenboden berührt. Nun dreht er die Flasche auf den Kopf, schüttelt die Flasche ein wenig, so dass die Holzkugel oder der Knoten in den Flaschenhals rutscht. Nun zieht er einmal heimlich am Seil, damit sich die Kugel und das Seil im Flaschenhals festklemmen.

2 Nun hält der Zauberer die Flasche über Kopf und zeigt dem Publikum, dass das Seil nicht herausrutscht.

3 Nun nimmt der Zauberer das Seil in die Hand und lässt die Flasche einfach fallen. Sie bleibt am Seil hängen.

Dies ist ein verblüffender Zaubertrick, den die Kinder in meiner Zirkusgruppe immer wieder gerne vorführen.

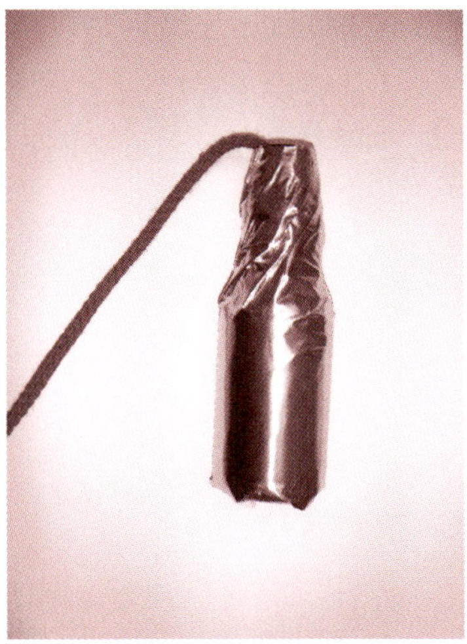

DAS sehen die Zuschauer

Und DAS sehen sie NICHT!

Der magische Knoten

Handhabung des Zaubertricks:

1 Der Zauberer bindet einen Knoten, indem er das linke über das rechte Seilende legt.

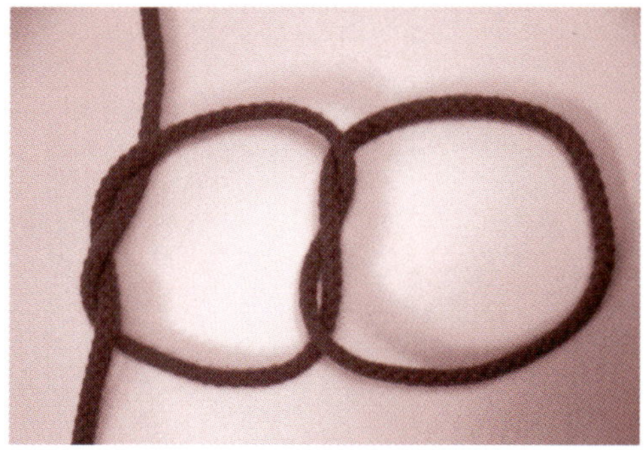

2 Nun bindet er einen zweiten Knoten, indem er nun wieder das rechte über das linke Seilende legt.

3 Dann zieht er das Ende auf der rechten Seite von hinten durch die untere Schlaufe.

4 Nachdem er das Seil von hinten durch die untere Schlaufe gezogen hat, zieht er es von hinten durch die obere Schlaufe.

Nun bittet der Zauberer einen Zuschauer, beide Seilenden in die Hand zu nehmen, während er den Knoten locker umfasst. Der Zauberer spricht einen Zauberspruch, der Zuschauer zieht die Seilenden langsam auseinander und der Knoten löst sich wie durch pure Magie!

Die Zauberblume

Der Zauberer zerknüllt 1–3 Chiffontücher (sehr klein) und schließt die Hand. Nun spricht er einen Zauberspruch, z. B.:

Lirum Larum Lachse,
Blume, bitte wachse!

Dabei öffnet er langsam seine Hand. Durch das Öffnen der Hand wächst die Blume auf magische Weise.

Das zweigeteilte Kind

Wer hat den spektakulären Zaubertrick der geteilten Assistentin des Zauberers noch nicht bewundert? Mit ein wenig Übung können Kinder diesen Trick in einer vereinfachten Version auch aufführen. Ein kleines Kind versteckt sich vor der Vorstellung heimlich in der zweiten der verbundenen Zauberkisten. Während der Vorstellung führt der kleine Zauberer seine Assistentin in die erste leere Kiste. Sie setzt sich hinein und streckt scheinbar die Beine aus der zweiten Kiste wieder heraus. Doch die Beine gehören zu dem versteckten Kind in der zweiten Kiste.

Nun trennt der Zauberer beide Kisten mit zwei Holzplatten, die an der jeweiligen Kiste befestigt werden, und kann nun beide Kisten auseinander schieben. Die Beine bewegen sich in der einen und der Kopf in der anderen Kiste – das kann doch nur Zauberei sein. Dann schiebt der Zauberer die Kisten wieder zusammen und seine Assistentin aus der ersten Kiste steigt heraus. Als Gag kann danach auch die zweite Assistentin aus der Kiste winken. Dies sorgt für tosenden Applaus ...

DAS sehen die Zuschauer

Und DAS sehen sie NICHT!

Die verzauberte Karte

Dieser Trick verblüfft die Zuschauer in der Regel sehr und von den Kindern lässt er sich leicht erlernen.

Zu Beginn zeigt die Karte ein Karo – dann auf einmal vier, dann plötzlich drei und zum Ende sechs Karos. Unsere Wahrnehmung spielt uns dabei einen Streich und ergänzt die Kartenmuster selbstständig.

Die spezielle Karte für diesen Zaubertrick sollte so aussehen:

Vorderseite Rückseite

Die beiden Seiten werden zusammengeklebt und mit selbstklebender Folie stabilisiert. Man greift die Trickkarte abwechselnd mit der linken und der rechten Hand, um einzelne Karos zu verdecken.

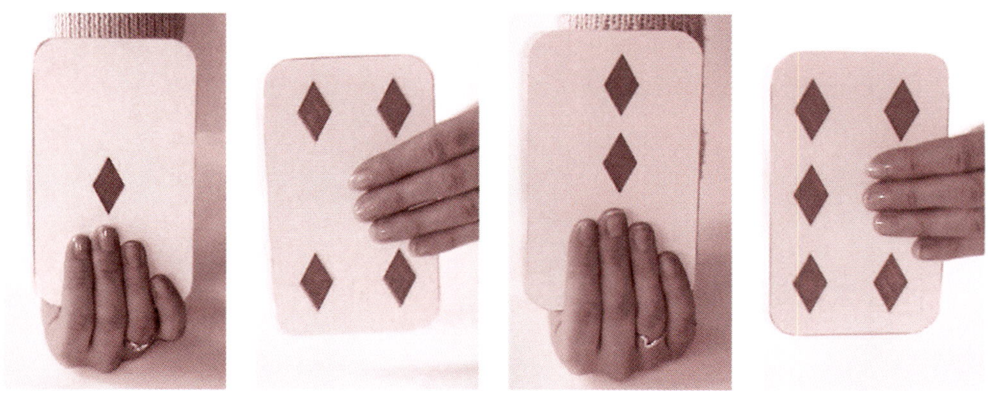

Der magische Dreifachknoten

Handhabung des Zaubertricks:

- Das Seil über beide Hände legen
- Mit der rechten Hand eine Schlaufe drehen, diese über die linke Hand legen und festziehen
- Diesen Vorgang dreimal wiederholen (drei Wiederholungen = drei Knoten)
- Das restliche Seil aus der rechten Hand zwischen zwei Finger klemmen
- Die Schlaufen von der linken Hand herunter schieben, das eingeklemmte Seilende dabei nicht loslassen
- Mit der linken Hand das Seil festhalten und mit der rechten Hand langsam das Seil herunter schieben. Dabei entstehen nacheinander drei Knoten

Dieser Zaubertrick verblüfft die Zuschauer sehr, was die kleinen Zauberer noch mehr motiviert.

1

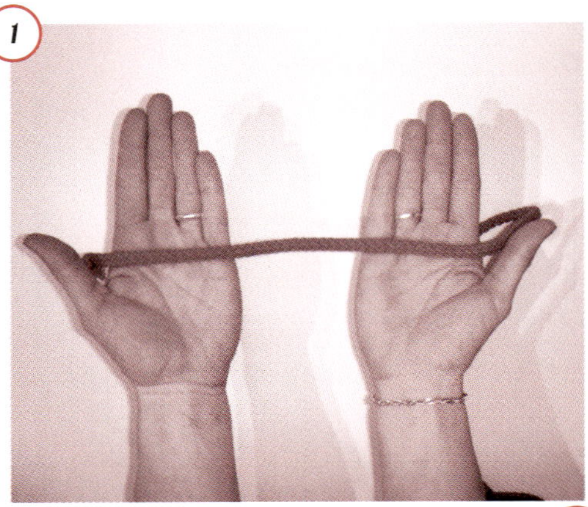

2

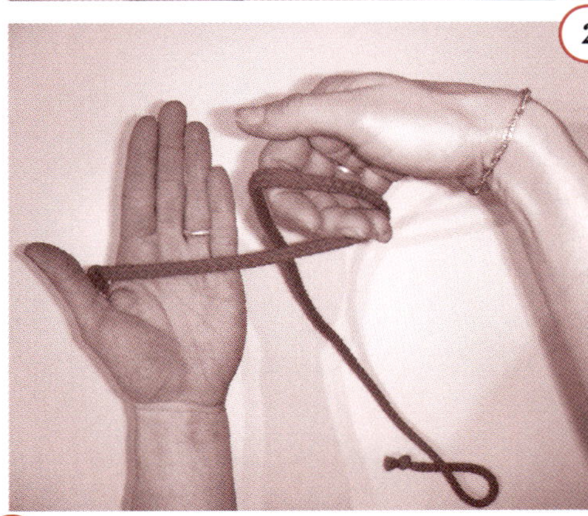

3

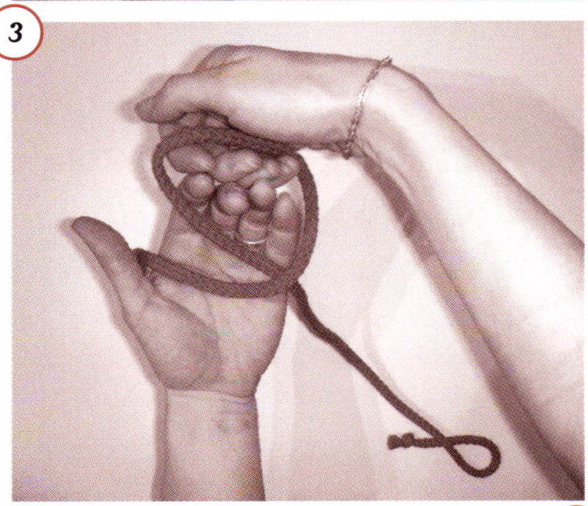

4

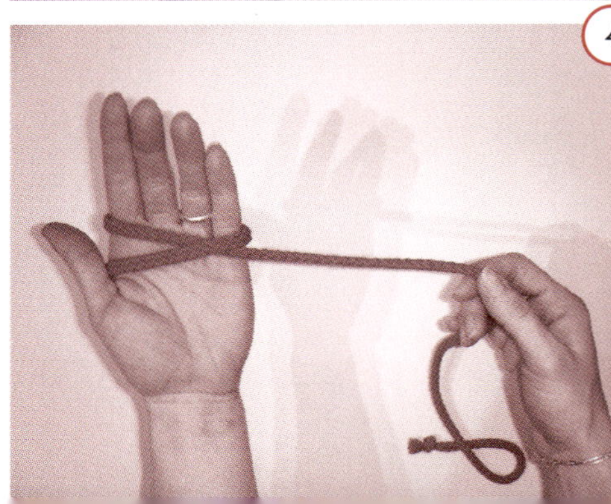

5

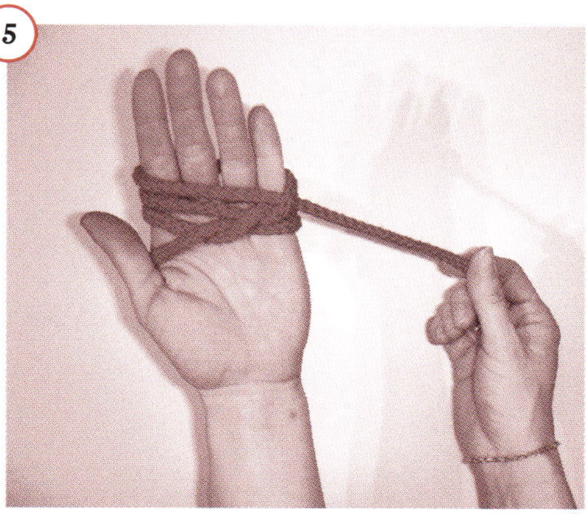

6

8

7

Der kleine Floh Fridolin

Das Haargummi wird über den kleinen Finger und den Ringfinger gezogen. Der Daumen wird heimlich von unten in das Haargummi gesteckt und somit gedehnt. Der Zauberer macht eine Faust, wobei das Haargummi über den Fingerspitzen liegen muss. Diese Seite sehen die Zuschauer (den Daumen verbergen). Wenn der Zauberer dann einen Zauberspruch spricht und einen Zuschauer auf seine Hand pusten lässt, streckt er die Finger und unser Fridolin springt von dem kleinen und dem Ringfinger auf den Zeigefinger und den Mittelfinger.

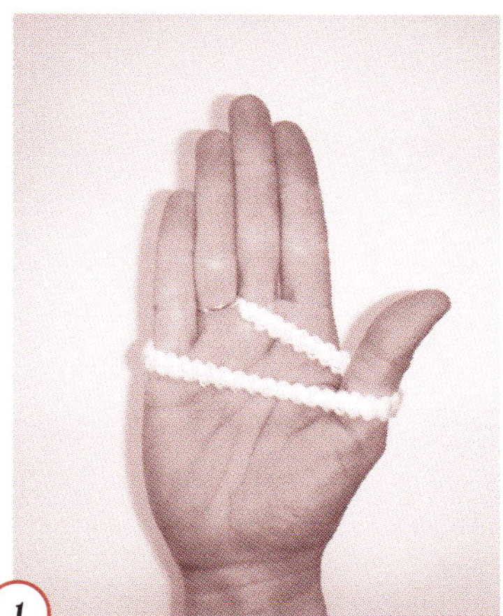

1

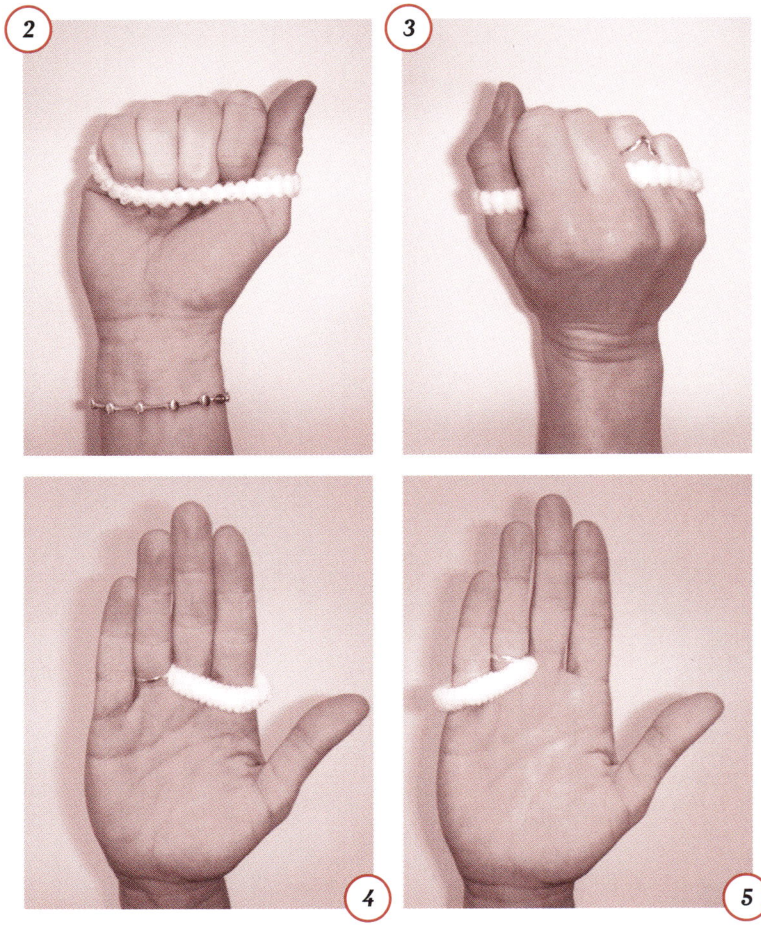

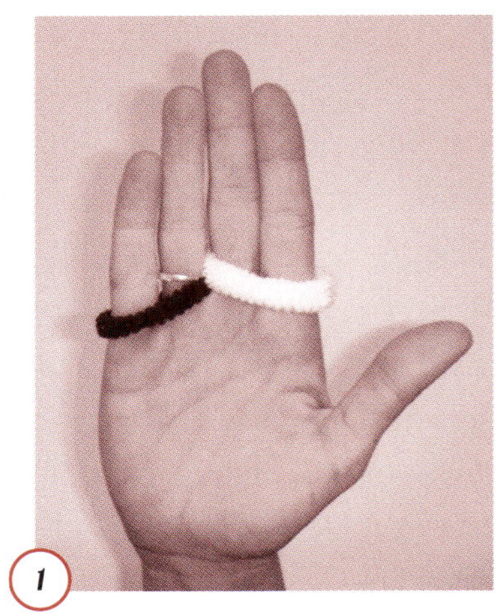

Unser Fridolin möchte seine Freundin besuchen

Dieser Zaubertrick wird genauso durchgeführt wie „Der kleine Fridolin“. Mit zwei Haargummis sieht der Trick jedoch schwieriger aus.

2

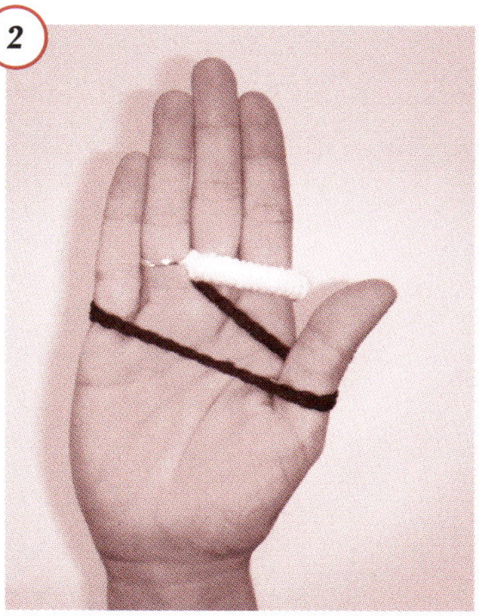

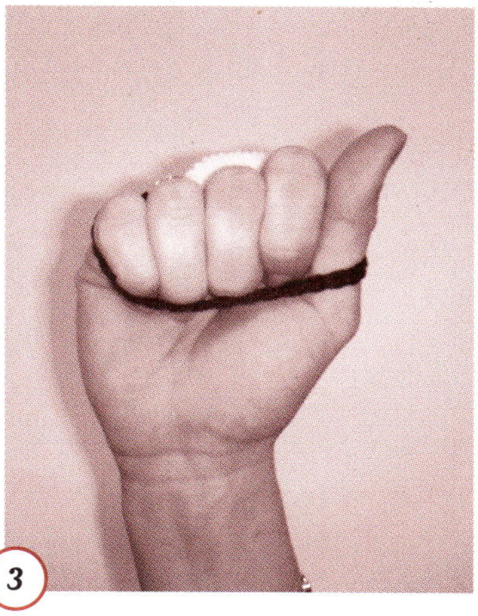

3

4

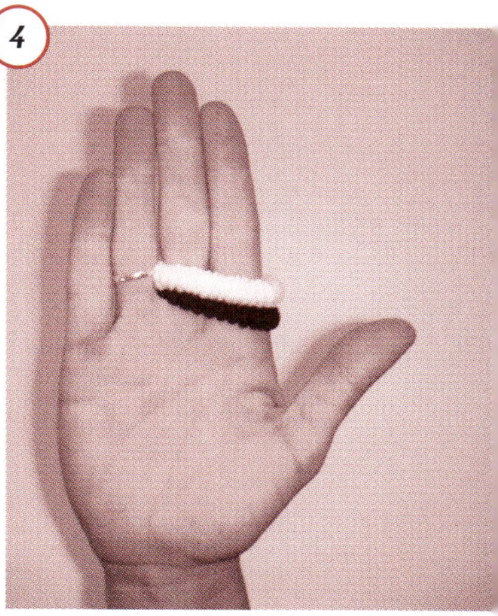

Fridolin und seine Freundin können noch mehr

Zu Beginn dieses Tricks wird ein Gummiband um die Fingerkuppen gebunden. So wirkt der Trick viel spektakulärer – ist jedoch vom Prinzip her genau wie der vorherige Zaubertrick.

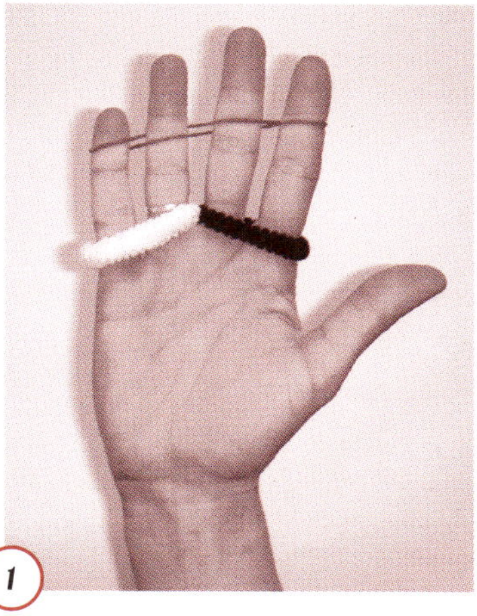

1

2

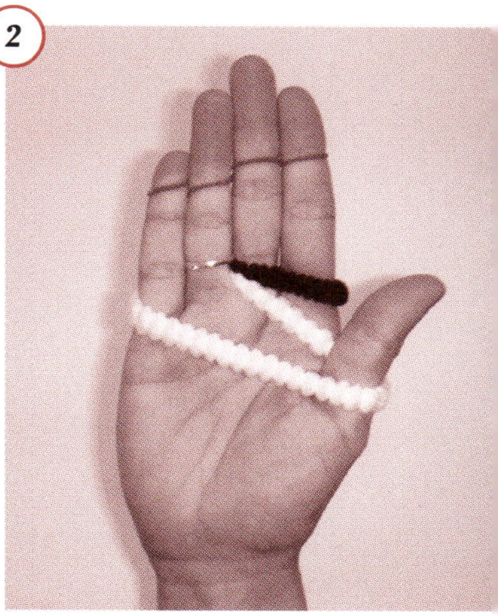

3

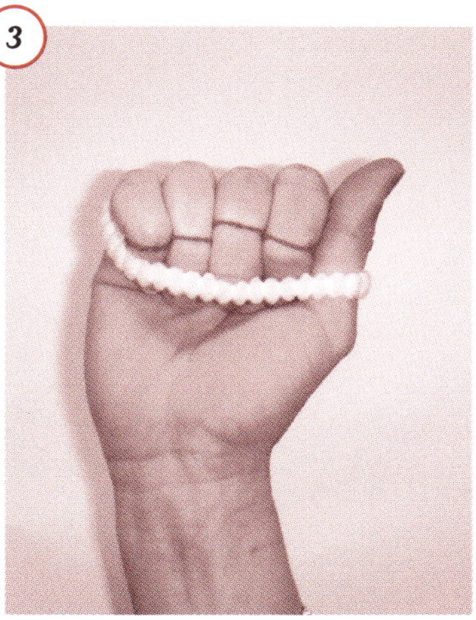

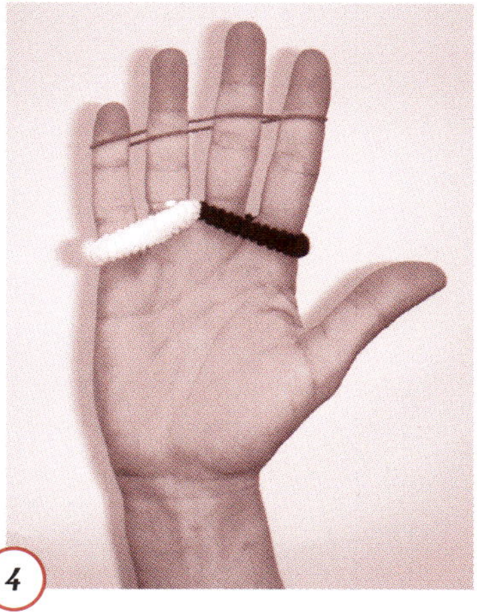

4

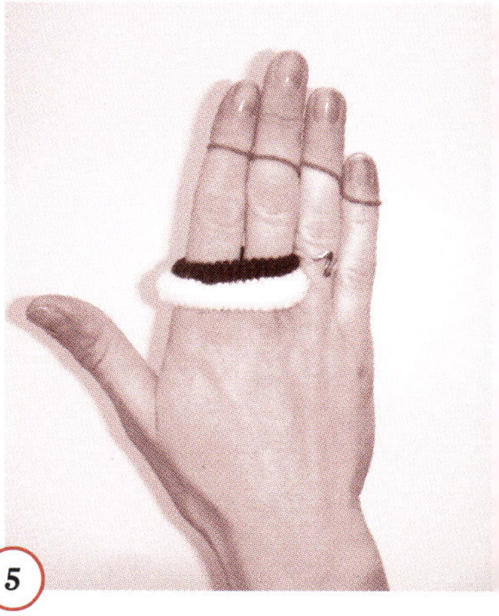

5

Die Zaubertüte

Da diese Tüte zwei offene Seiten hat, können die Kinder leicht einen flachen Gegenstand verschwinden und erscheinen lassen. Sie müssen dazu nur die gefüllte Zaubertüte umdrehen, damit die leere Öffnung nach oben zeigt und schon werden die Zuschauer staunen.

1

2

3

4

5

Beschreibung:

Ein DIN-A4-Blatt wird in der Hälfte gefaltet.
Dann wird die linke obere Ecke zum Knick hin gefaltet, danach die linke untere Ecke ebenfalls.
Weiter wird die rechte untere und die linke obere Ecke ebenfalls bis zum Knick gefaltet.
Schließlich wird eine geknickte Seite in den Knick der anderen geschoben, damit die Zaubertüte geschlossen ist.
Schon ist die Zaubertüte bereit für ihren ersten Einsatz.

Das magische Tuch

Bei diesem Trick wirft der Zauberer einige bunte Papierschnipsel gegen ein schwarzes Tuch und schon hat das Tuch Punkte bekommen.

Vorbereitung:

Ein schwarzes Tuch wird an zwei Seiten zusammengenäht, so dass ein Sack entsteht. Auf eine Seite werden bunte Punkte genäht.
Während der Vorstellung muss der Zauberer das schwarze Tuch nur heimlich auf links drehen, damit die Punkte erscheinen.

Ballonzauber

Bei diesem Zaubertrick wird ein Luftballon mit einer langen Nadel durchstochen, ohne zu zerplatzen. Tesafilm auf der Einstichstelle schützt den Luftballon vor dem Zerplatzen.

Der schwebende Zauberstab

Der Zauberer reibt seine Hände gegeneinander und dreht so den Zauberstab. Er hält den Zauberstab in der Hand, sagt einen Zauberspruch, umfasst heimlich mit der anderen Hand sein Handgelenk und fixiert so mit einem Finger den Zauberstab in der Hand. Nun kann er die Hand öffnen und der Zauberstab scheint zu schweben.

DAS sehen die Zuschauer

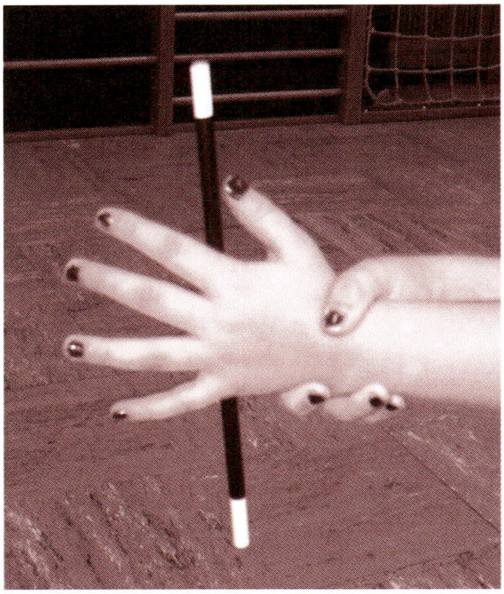

Und DAS sehen sie nicht

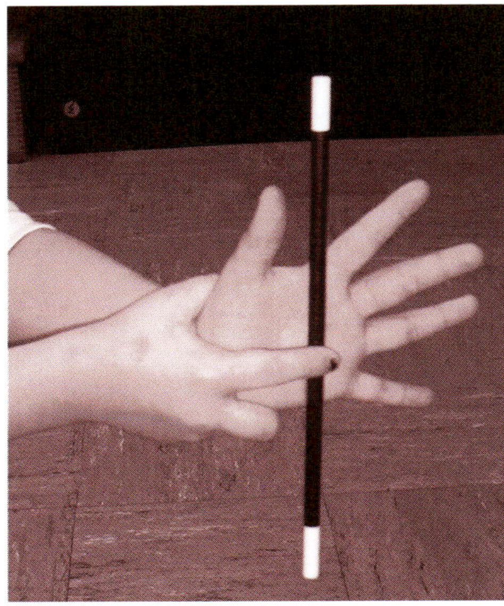

Ein verblüffender Trick, der Kinder immer wieder fasziniert.

Variante:

Ein Stab, der mit einem Band am Handgelenk fixiert ist, bringt den Zauberstab ebenfalls zum Schweben. Der Zauberer muss ihn heimlich zwischen Gummiband und Hand einklemmen.

Der magische Geldschein

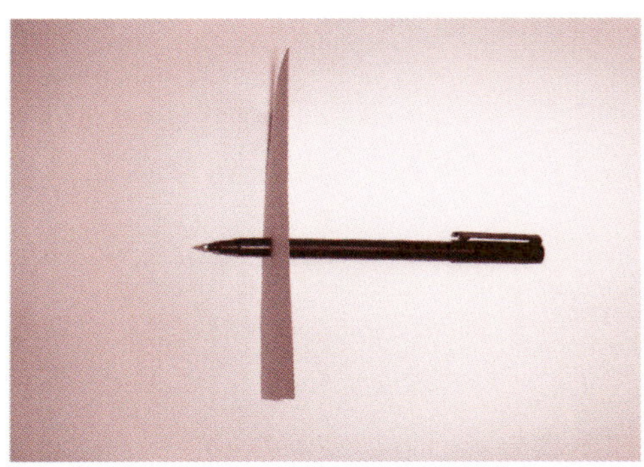

Mit diesem Stift kann der Zauberer leicht einen Geldschein durchbohren, ohne ihn zu zerstören. Diesen Trick können Kinder leicht lernen.

Weitere Anregungen für preisgünstige Zaubertricks finden Sie z. B. bei Versandhäusern für Zirkusrequisiten, welche auf S. 87 aufgelistet sind.

„Manege frei" für die große Vorstellung

Die Kinder können es kaum noch erwarten und fiebern ihrem großen Auftritt entgegen. Kurz vor diesem Höhepunkt ihres Zirkusprojekts sind oft erstaunliche Entwicklungssprünge bei den Jungen und Mädchen zu beobachten. Die gemeinsame Vorstellung stärkt das „Wir-Gefühl". Es stehen nicht einzelne Kinder im Mittelpunkt, sondern mehrere. Sie besprechen die Vorstellung, planen, treffen selbstständig miteinander Absprachen und helfen sich gegenseitig.

Vorbereitungen vor der Vorstellung

Vor der großen Zirkusvorstellung müssen viele Vorbereitungen getroffen werden. Nachdem der eigentliche Ablauf der Vorstellung geplant ist und die Kinder wissen, wer wann wo was zu tun hat, kann die weitere Planung losgehen:

- Die Generalprobe muss geplant werden
- Die Eltern und Verwandten der Kinder müssen eingeladen werden
- Die Presse kann eingeladen werden
- Flyer oder Poster können gemalt und danach verteilt werden
- Kostüme können gemeinsam mit den Kindern gebastelt werden (in der Karnevalszeit können diese auch recht günstig gekauft werden)
- Die Dekoration des Vorstellungsortes muss erstellt und aufgehängt werden

Um eine richtige Zirkusatmosphäre zu schaffen, muss die Dekoration stimmen. Im Mittelpunkt sollte eine Manege sein – vielleicht mit kleinen Podesten als Begrenzung – und die Stühle für die Zuschauer sollten im Bogen aufgestellt werden.
Ich hänge an der Decke in der Mitte des Raumes viele zusammengebundene Krepppapierstreifen auf, die ich wie ein Zirkuszelt verteile. Die Beleuchtung sollte gemütlich sein und die Aufmerksamkeit auf die Artisten in der Manege lenken.
Für den charakteristischen Duft im Zirkus kann der Verkauf von Popcorn oder gebrannten Mandeln sorgen.

Schon beim Einlass sollte das Publikum mit Musik begrüßt werden, um die richtige Zirkusstimmung zu erzeugen. Die Eltern bekommen von den Kindern gebastelte oder ausgemalte Eintrittskarten für die Zirkusvorstellung. Einige Kinder können in Zirkusweste am sogenannten „Einlass“ stehen und die Eltern zu ihrem Platz begleiten. Einige Kinder können in einem gebastelten Bauchladen Popcorn oder andere Süßigkeiten verkaufen. Beim Einlass könnten schon zwei Kinder als Clowns verkleidet die Zuschauer empfangen und ihre Späße treiben.

Die Kinder meiner Zirkusgruppe bekommen nach der Vorstellung ihre eigene Zirkusurkunde, auf die sie mächtig stolz sind. Verziert mit ein Paar Bildern oder Fotos und etwas Glitzer wirkt sie sehr eindrucksvoll (Kopiervorlage siehe S. 86).

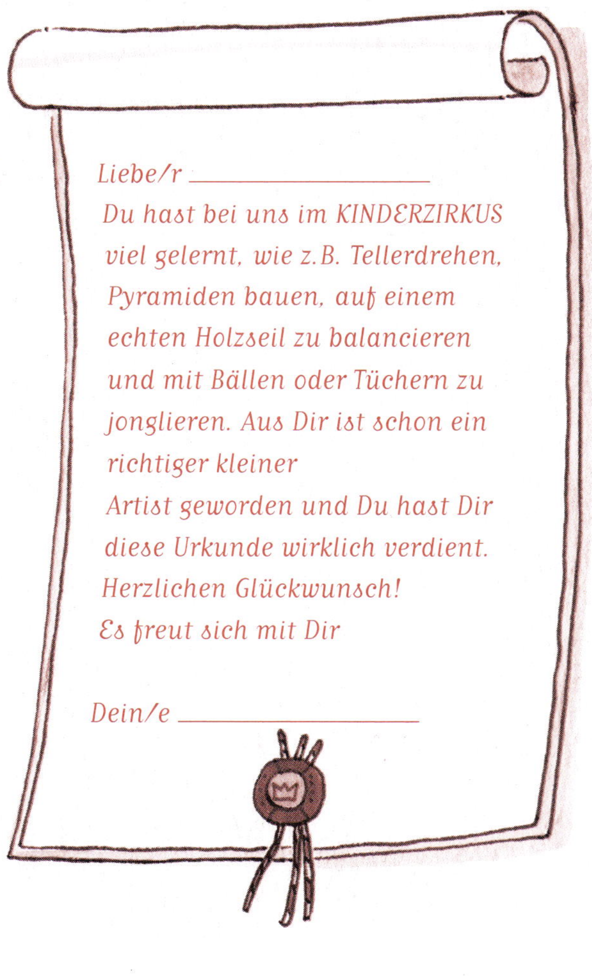

Die Zirkusurkunde

Die große Vorstellung

1 Begrüßung durch den Direktor (ggf. mit Unterstützung eines Erwachsenen):

„Herzlich Willkommen im Kinder-Zirkus ____________________ . Wie Sie vielleicht wissen, arbeiten in einem Zirkus Menschen aus vielen Nationen zusammen. Wir möchten nun mit Ihnen die Länder unserer Artisten besuchen. Wir wünschen Ihnen viel Vergnügen auf unserer Weltreise in ferne Länder.

2 Der „Einzug der Gladiatoren" erklingt und die Kinder marschieren im Takt durch die Zuschauerreihen in die Manege, winken ihren Eltern und setzen sich dann auf eine für die Artisten reservierte Bank an der Seite. Von hier aus können sie die Vorstellung mitverfolgen.

3 Intro: Drei Kinder kommen in die dunkle Manege und stellen sich auf. In ihren Händen halten sie Leuchtbälle. Sobald ihre Musik erklingt, rollen oder werfen sie diese Bälle untereinander hin und her. Nach ihnen kommt ein weiteres Kind mit „Leuchtpois" in die Manege und zeigt einige Kunststücke. Dann fassen sich alle Kinder an, die Manege wird erleuchtet und sie verbeugen sich gemeinsam. Dann setzen sie sich wieder zu den anderen Artisten.

4 Ein weiteres Kind hat sich in der Zwischenzeit die Jacke des Direktors angezogen und kündigt nun die erste Nummer an: „Wir beginnen unsere Weltreise in Europa mit den wunderschönen Pferden (Namen der Kinder). Sie werden vorgeführt von (Name des Kindes). Wir wünschen Ihnen hierbei viel Spaß!"

5 Die Manege verdunkelt sich kurz, der Dompteur und seine Pferde stellen sich auf (ggf. wird die Manege ein wenig umgebaut) während ihre Musik eingespielt wird.

6 Ein weiterer Direktor kommt ratlos mit einem Teller und einem Stab in die Manege und sagt nun die nächste Nummer an. „Nun sind wir in China angekommen, wo Ihnen (Namen der Kinder) ihre chinesischen Teller vorstellen möchten. Viel Spaß!"

7 Der Direktor kommt in die Manege, gefolgt von einem Clown. Als der Direktor die Manege verlässt, um eine Requisite zu holen, beginnt eine Clownsnummer.

8 Der Direktor kommt kurz vor Ende der Nummer in die Manege und „schmeißt“ die Clowns aus der Manege.

9 Nun sagt er die nächste Nummer an: „Hier in Amerika präsentieren ihnen (Namen der Kinder) ihren Tanz mit dem Hula Hoop.“

10 Die Kinder kommen mit ihren Hula Hoops in die Manege und beginnen beim Erklingen ihrer Musik mit ihrer Nummer.

11 Der Zirkusdirektor betritt mit einem verkleideten kleinen Tiger die Manege und sagt die nächste Nummer an: „Hier sehen sie unsere gefährlichen Sumatra Tiger (Namen der Kinder). Bitte nicht streicheln!“

12 Die Tiger kommen nacheinander in die Manege und setzen sich auf ihre (vorher im Kreis aufgestellten) Hocker. Ihr Dompteur steht in der Mitte und führt die Kunststücke vor. Am Ende ihrer Nummer machen die Tiger „Männchen“ und der Dompteur verbeugt sich.

13 Der Direktor kommt mit einem Karton in die Manege, stellt diesen geöffnet auf den Boden und sagt: „Nun sind wir im Orient angekommen, wo Ihnen unsere Fakire (Namen der Kinder) einen Scherbentanz präsentieren werden. Dies sind echte Scherben. Bitte nicht alleine nachmachen!!! Viel Vergnügen.“

14 Die Fakire kommen mit verschränkten Armen in die Manege, gehen einmal im großen Bogen um die Scherben herum und stellen sich dann nebeneinander auf. Eine Erzieherin kniet vor den Scherben und stützt die Kinder, wenn sie über die Scherben gehen.

15 Die Clowns stürmen in die Manege und geben ein Konzert … was der Direktor gar nicht gut findet.

16 Der Direktor rollt eine Laufrolle in die Manege „Können Sie sich vorstellen, auf dieser Rolle zu laufen?“ Das Publikum schüttelt vermutlich den Kopf. „Ich mir auch nicht. Aber die Artisten (Namen der Kinder) werden sie nun vom Gegenteil überzeugen. Viel Spaß.“

17 Am Ende der Vorstellung kommt der Direktor zuerst mit allen, die im Hintergrund geholfen haben in die Manege und stellt sie vor. Dann stellen sie sich links, sowie rechts auf und bilden so ein Spalier, durch das die Artisten in die Manege kommen. Die Artisten kommen mit brennenden Wunderkerzen von hinten durch die Zuschauerreihen zurück, marschieren eine Runde zu Zirkusmusik durch die Manege und verlassen sie durch den Vorhang.

18 Der Direktor ruft alle Artisten einzeln zurück in die Manege. Sobald alle Kinder in der Manege stehen, fassen sich alle an, verbeugen sich und gehen dann zu ihren Eltern. Bei meinen Vorstellungen baue ich mit Hilfe der Eltern ein Buffet auf, damit sich nach der Vorstellung alle Artisten und Eltern stärken können.

5. Zirkusmusik, Zirkusrequisiten und ein Zirkusquiz

Um die richtige Zirkusatmosphäre zu schaffen, dürfen stimmungsvolle Musik und verschiedene bunte Requisiten nicht fehlen. Folgende Anregungen möchte ich Ihnen hierzu geben:

Zirkusmusik

Zirkus ohne die richtige Musik ist wie Zirkus ohne Popcorn und Zuckerwatte. Also kein richtiger Zirkus. Die Musikauswahl für die große Vorstellung ist sehr wichtig für die richtige Zirkusatmosphäre. Zu manchen Zirkusnummern passt besser eine ruhige Musik, um die Wirkung zu unterstreichen. Bei anderen Auftritten jedoch wirkt eine etwas flottere Musik besser. Es gibt viele verschiedene Musikrichtungen, die sich eignen.

Bei Jonglage-Nummern eignen sich flottere, instrumentale Lieder wie zum Beispiel: von „Ottmar Liebert“ oder vom „Zirkus Roncalli“. Bei der Tuch-Jonglage passt der Soundtrack von „Amelie“, da er ruhiger ist und zu den Bewegungen der Tücher passt. Bei den Menschenpyramiden passen orientalische Lieder sehr gut, wie „Caravans“ von Mike Batt oder Soundtracks (z. B. von „Die Mumie“).

Beispiele für Zirkusmusik

Traditionelle Musik

- Cirque du Soleil – Alegria
- Ottmar Liebert – Summer Flamenco (instrumental)
- Ottmar Liebert – Barcelona Nights (instrumental)
- Renz Galopp (instrumental)
- Einzug der Gladiatoren (instrumental)
- Zirkus Roncalli
- Gipsy Kings
- Hans Zimmer (instrumental)
- Mike Oldfield – Caravans (instrumental)
- Klassische Musik wie Beethoven, Mozart oder Pachelbel (instrumental)
- Riverdance (instrumental)
- James Last
- Joe Satriani
- Max Greger – Espana cani (instrumental)

Moderne Musik

Instrumentales von

- Michael Jackson
- Loona
- Safri Duo
- Söhne Mannheims instrumental
- Jean Michel Jarre
- Yello
- Touch & Go

Soundtracks, z.B.

- Harry Potter,
- Der Herr der Ringe,
- The Rock etc
- Ennio Morricone

Zirkusrequisiten

Bauanleitung für Jonglierbälle

Bei Jonglierbällen gibt es verschiedene Varianten. Ich habe mit den Kindern anhand eines Trichters Luftballons mit Sand gefüllt. Sie haben eine gute Größe für Kinderhände und sind nicht zu schwer.

Als Variation kann man Tennisbälle einstechen und mit Sand füllen. Die Naht wird verklebt und ein Luftballon schützt die Schnittstelle. Man kann den Sand auch weglassen. So sind die Bälle nicht so schwer.

Eine dritte Variante ist, eine Schablone (siehe unten) aus Leder oder stabilem Stoff vier Mal auszuschneiden und nach dem Zusammennähen mit Sand oder Ähnlichem zu füllen. Diese Jonglierbälle sind für Kinder sehr gut geeignet, da sie beim Fangen nachgeben und so gut zu greifen sind.

Nähvorlage für einen Jonglierball aus Leder oder Stoff

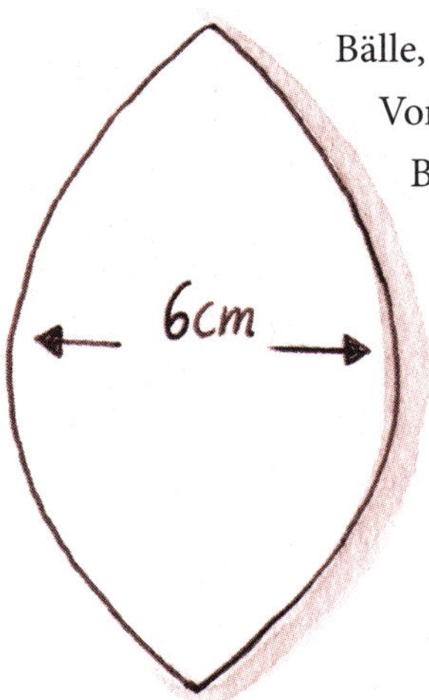

Bälle, die aus dieser Vorlage genäht wurden, haben einen großen Vorteil gegenüber Tennisbällen: Sie rollen nicht weg, wenn sie den Boden berühren. Diese Vorlage wird vier Mal ausgeschnitten und aneinander genäht. Nur eine kleine Öffnung an der Spitze bleibt offen um die Bälle mit Sand oder Ähnlichem füllen zu können. Danach wird der Ball zugenäht.

Bauanleitung für eine Jonglierkeule

Jonglierkeulen sind recht teuer. Jedoch sind sie für den Anfang leicht herzustellen. Der Korpus wird aus stabiler Pappe ausgeschnitten. Im Inneren wird ein Holzstab angeklebt, der ungefähr 20 cm aus dem Korpus herausreichen sollte. Wenn die Keule beklebt und dekoriert ist, sieht sie sehr schön aus.

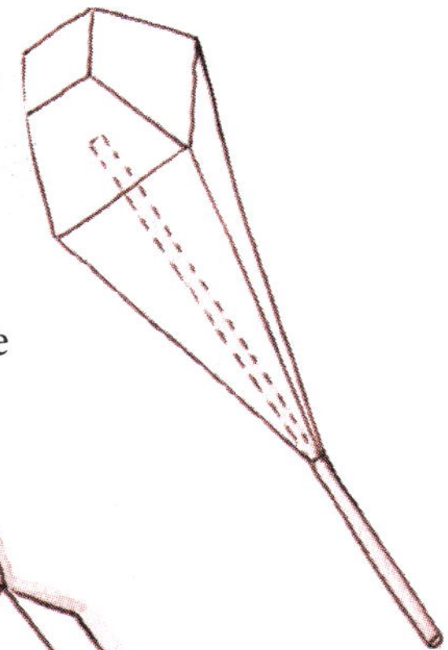

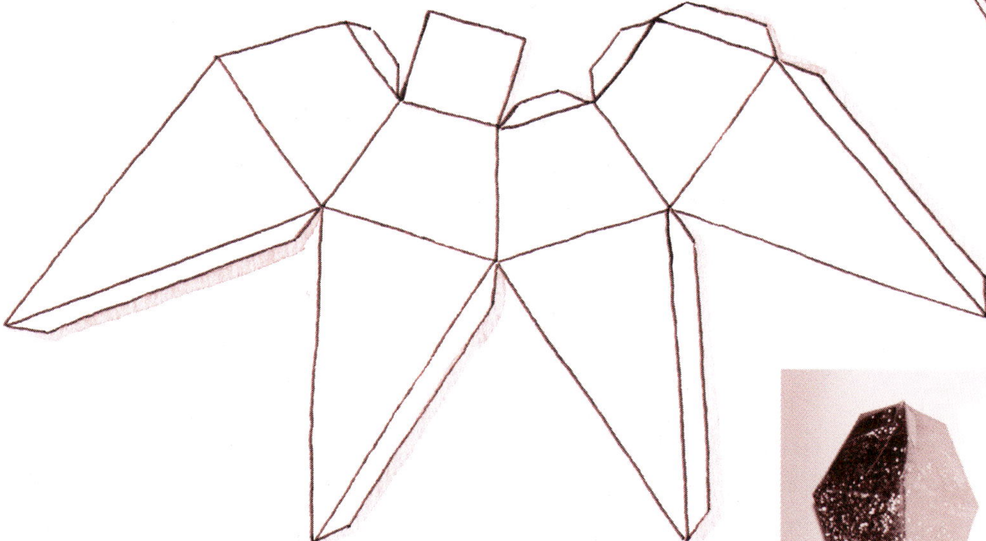

Bauanleitung für Pois

Ich habe einen Tennisball eingeritzt und ein dickes Seil mit einem Knoten am Ende in diesen Schnitt hineingedrückt. Um die Festigkeit zusätzlich zu sichern, habe ich die Naht mit Heißkleber verschlossen. Das Seil des Pois sollte so lang sein, dass es am langen Arm bis knapp über den Boden reicht. Zum Dekorieren kann man noch einen Luftballon über den Tennisball ziehen.

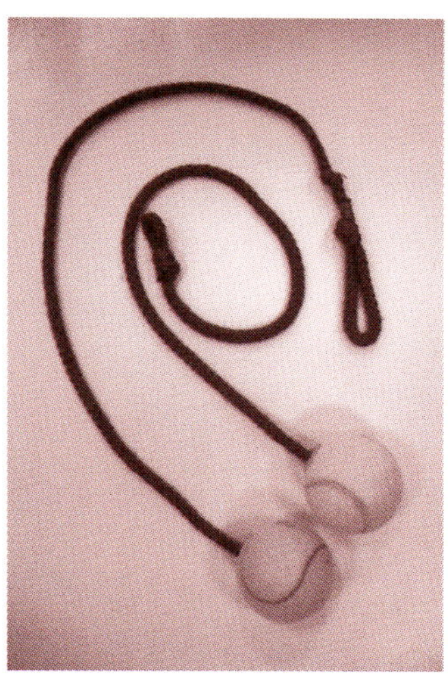

Bauanleitung für eine Balancierrolle

Für eine Balancierrolle eignet sich eine stabile Papprröhre einer Teppichrolle aus einem Baumarkt. Wenn es stabiler sein soll, könnte man das Gehäuse eines alten Schlagzeugs nehmen. Dicke Kunststoffrohre von Tiefbaufirmen eignen sich ebenfalls sehr gut zum Balancieren, da sie oft in verschiedenen Größen als Restposten abgegeben werden.

Bauanleitung für ein Rola Bola

Man braucht sehr stabiles Holz (ca. 75 x 25 cm) aus dem Baumarkt. An die beiden schmalen Enden habe ich von unten zwei dünne Holzleisten genagelt, damit das Rola Bola nicht ganz von der Rolle abrutschen kann.

Teppichmatten eignen sich sehr gut als Anti-Rutsch-Belag für die Unterseite des Rola Bola, für die Oberseite ist Teppichboden geeignet. Als Rolle für Kinder kann man ein Verbindungsstück eines Rohres aus dem Baumarkt (KG Schiebemuffe in rot oder grau) oder eine Papprolle aus einem Teppichgeschäft nehmen. Für Erwachsene müsste es eine Rolle aus Aluminium sein. An den Rand der Rolle sollte ein Anti-Rutsch-Klebeband geklebt werden, damit sich die Rolle unter dem Rola Bola nicht wegdrehen kann.

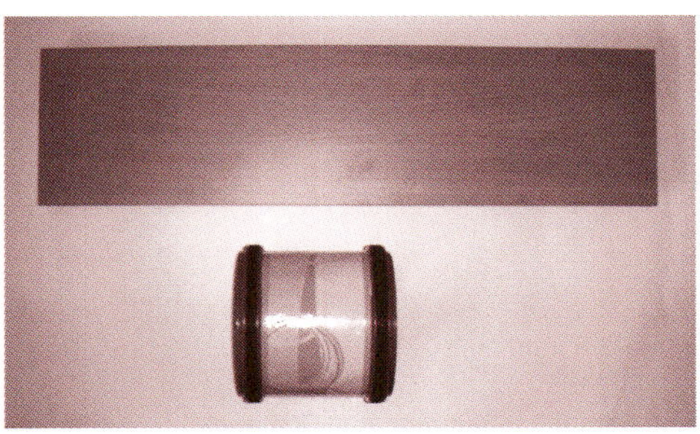

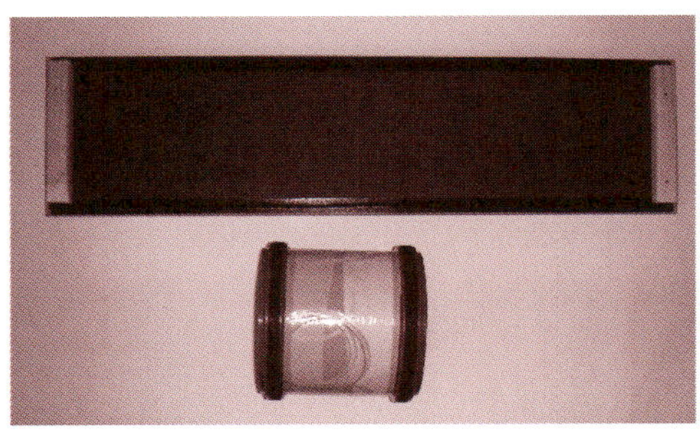

Bauanleitung für eine Balancierkugel

Für eine Balancierkugel kann man einen großen Sitzball mit Bauschaum füllen. Vorher kleine Löcher hinein stechen, damit überschüssige Luft entweichen kann.
Wenn der Ball gefüllt ist, sollte er aufgehängt werden, damit beim Trocknen keine Dellen entstehen.
Die Laufkugel sollte ungefähr 8 Tage austrocknen, bevor Kinder auf ihm laufen können.

Bauanleitung für ein Leucht-Poi

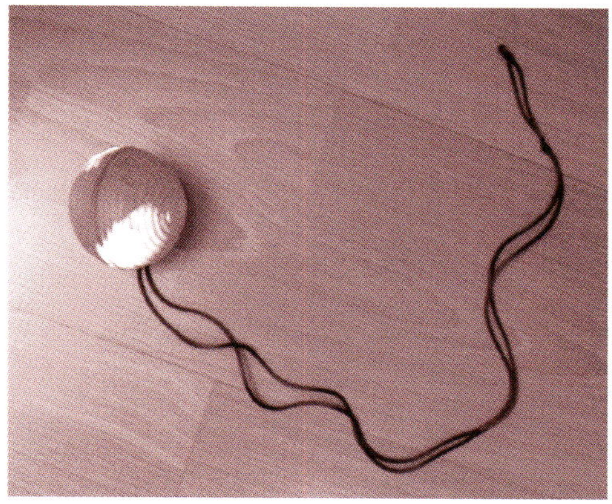

Ein leuchtender Poi fasziniert Kinder besonders. Ich habe einfach einen leuchtenden Ball (ab acht Euro in Läden erhältlich. Adressen s. Kapitel 6) mit einem stabilen Band versehen und schon kann es losgehen. Im Dunklen mit einem Poi zu spielen ist für Kinder noch einmal eine besondere Herausforderung, der sie sich gerne stellen.

Bauanleitung für Stäbe

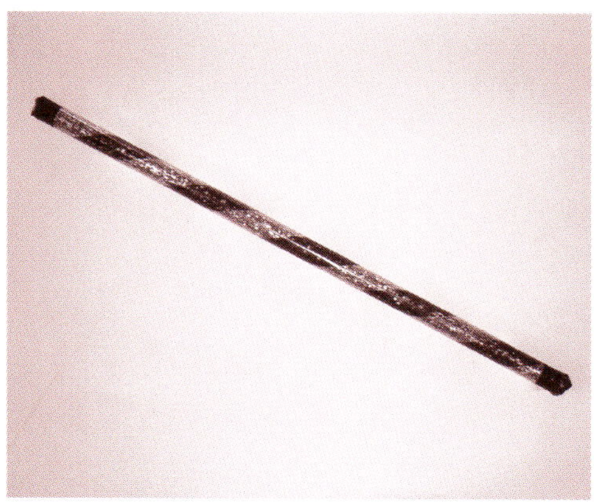

Als Stab eignet sich für Kinder ein Rundholz aus dem Baumarkt mit ca. 1,5 bis 2 cm Durchmesser und einer Länge von 70 cm.
Der Stab wird zuerst mit stabiler, selbstklebender Dekofolie aus dem Bastelgeschäft beklebt. Die Folie wird zugeschnitten, zuerst mit der Mitte auf den Stab geklebt und dann nach außen hin aufgeklebt. So kann die Folie leichter und ohne Luftblasen aufgeklebt werden. Glitzernde Dekofolien kommen bei den meisten Kindern besonders gut an. Um die visuelle Wahrnehmung zu fördern, kann über eine einfarbige Dekofolie eine andersfarbige Folie spiralenförmig aufgeklebt werden. Beim Stabdrehen haben die Kinder nun einen anderen Effekt. Um

den Stab haltbarer zu machen, sollte er mit durchsichtiger Klebefolie überklebt werden. Als Polsterung für die Enden des Stabes eignen sich verschiedene Materialien.

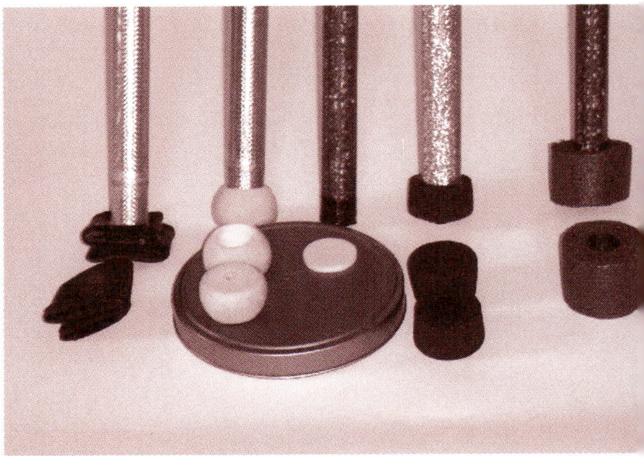

Als Knobs für die Polsterung der Stabenden eigen sich:

- selbstgebastelte Knobs aus einem alten Fahrradschlauch, von dem ein ca. 20 cm langes Stück gefaltet und mit einer Schraube fixiert wurde
- gekaufte Keulenknobs, rund oder spitz zulaufend
- Türklinkenstopper, die mir Isolierband am Stabende fixiert wurden
- oder schmale, gesägte Stücke eines Schaumstoffschlauches

Anregung für einen Zirkusfrack

Der Zirkusdirektor führt durch die Vorstellung und braucht daher einen echten Zirkusfrack.
Dazu habe ich eine einfache Weste mit goldener Kordel umnäht und mit den für Zirkus typischen Mustern verziert.

Ein Zirkusquiz für Kinder

Mögliche Fragen:

- Was ist das Chapiteau?
  (Das Zirkuszelt)

- Was nennen Zirkusleute Gradin?
  (Die Sitzbänke im Zirkuszelt)

- Wo gehen die Zirkuskinder zur Schule?
  (In einer Regelschule oder in einer eigenen Zirkusschule)

- Warum ist die Manege rund?
  (Damit die Zuschauer besser die Artisten in der Manege sehen können)

- Was wird in der Manege auf dem Boden
  und bei Regen vor dem Zelt verteilt und warum?
  (Sägemehl, damit die Tiere und Zuschauer besser gehen können
  und der Boden nicht rutschig ist)

- Woran erkennt man den Zirkusdirektor?
  (Er führt durch das Programm und hat eine tolle Jacke an)

- Was braucht man zum Jonglieren?
  (Bälle, Ringe, Keulen, Tücher, vielleicht auch Klobürsten etc.)

- Welche Nummern gibt es im Zirkus?
  (Akrobatik, Zauberei, Fakir, Tierdressuren, Clownerie u. v. m.)

Liebe/r ____________________

Du hast bei uns im KINDERZIRKUS viel gelernt, wie z.B. Tellerdrehen, Pyramiden bauen, auf einem echten Holzseil zu balancieren und mit Bällen oder Tüchern zu jonglieren. Aus Dir ist schon ein richtiger kleiner Artist geworden und Du hast Dir diese Urkunde wirklich verdient.

Herzlichen Glückwunsch!

Es freut sich mit Dir

Dein/e ____________________

6. Zugabe – Adressen, Bücher und Stichwortverzeichnis

Adressen

Im Folgenden finden Sie eine kleine Auswahl an Adressen, die für Ihre Planung und Umsetzung der Zirkuspädagogik hilfreich sein können.

Versandhäuser für Zirkusrequisiten:
www.Pappnase.de
www.Basinelli.de
www.zwilling-jonglierwelt.de
www.Balance-Bochum.de
www.Sam-onlineshop.de
www.jonglierwelt-ulm.de
www.pearl.de

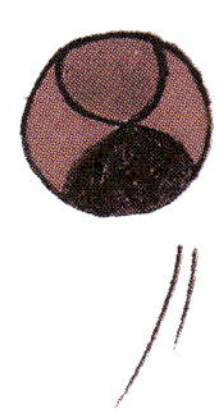

Internetadressen zur Zirkuspädagogik:
www.zappzarapp.de
www.feuershow.de

Weiterbildungen, Kinderzirkus und Workshops für Kinder:
www.zirkuspeter.de (Fortbildung zum Zirkus-Übungsleiter)
www.circus-sperlich.de (Kinderzirkus-Empfehlung der Autorin)
www.zappzarapp.de
www.kinder-zirkus.de

Literaturangaben

Da ein großer Teil meines Buches auf meinen eigenen Erfahrungen beruht, gibt es nicht sehr viele Literaturhinweise. Ich habe jedoch in einigen Büchern Tricks wieder gefunden, die ich in Zirkussen gesehen und auch selbst umgesetzt habe. Diese finden Sie hier aufgelistet.

Theorieteil

Rudi Ballreich, Udo Grabowiecki, **Zirkus spielen** – Ein Handbuch für Artistik, Akrobatik, Jonglieren, Äquilibristik. Improvisieren und Clownspielen, Verlag Hirzel 1999

Wilhelm Kelber Bretz, **Kinder machen Zirkus**, Verlag Meyer&Meyer Sport 2000

www.zappzarapp.de (Internetadresse zum Thema Zirkus)

Praxisteil

Joseph M. Fodero, Ernest E. Furblur, **Menschenpyramiden**, Aol im Persen Verlag 1996.

Chris Oxlade, Ingrid Pabst, **Mein großes Buch der Zauberei**, Verlag Unipart 1996

Elmar Müller, **Manegenzauber. Kinder spielen Zirkus**, Verlag Don Bosco 1998

Annalisa Neumeyer, **Mit Feengeist und Zauberpuste**, Verlag Lambertus 2007

Stephan Sahm, **Circuspädagogik**. Erarbeitung einer Konzeption für einen Akrobatik und Menschenpyramidenworkshop mit dem Ziel einer Präsentation (Diplomarbeit), Erlangen 2000 (siehe: www.feuershow.de/diplomarbeit/SAM_Diplomarbeit.pdf)

Stichwortverzeichnis

A B C

D E F

GHI

JKL

MNO

PQR

STU

VWX

Y Z